더 많은 정보를 얻고 싶다면

어스본 바로가기(usborne.com/quicklinks)에 방문해서 검색창에 'things to know about the unknown'을 입력해 보세요. 이 책에 나오는 많은 사실과 불가사의한 사건들, 특이한 야생 동물, 그 외에 더 많은 정보를 찾을 수 있어요. 다만, 연결되는 웹사이트는 모두 영문으로 제공된답니다.

어스본 바로가기에서는 다음과 같은 활동들을 해 볼 수 있어요.

- 어두운 숲에서 빛나는 유령 버섯 만나기
- 기자의 대스핑크스를 둘러싼 미스터리 발견하기
- 과학자들이 흙에 열광하는 이유 찾기
- 지진 예측의 과거, 현재, 미래를 살펴보기
- 안네 프랑크의 일기와 제2차 세계 대전 동안 안네의 가족이 숨었던 곳 알아보기

어스본 출판사는 '어스본 바로가기' 이외의 정보 이용에 대한 법적 책임을 지지 않습니다. 어린이가 인터넷을 사용할 때에는 반드시 보호자의 지도가 필요합니다.

초등학생이 알아야 할
세상의 비밀 100가지

**제롬 마틴, 앨리스 제임스,
미카엘라 탭셀, 알렉스 프리스** 글

**페데리코 마리아니, 쇼 닐슨,
도미니크 바이런, 제럴딘 사이** 그림

**제니 오플리, 렌카 존스,
톰 애슈턴 부스** 디자인

신인수 옮김

우리는 세상의 비밀들을 얼마나 알고 있을까요?

사실 아직도 모르는 게 아주 많아요. 인간은 지금까지 수많은 탐험과 발명, 발견을 거쳤지만 여전히 알 수 없는 것들이 가득하다는 사실을 알게 되었지요. 이 책에서는 세계에서 가장 흥미롭지만 아직 명확한 답을 찾지 못한 100가지 사실을 소개하고 있어요.

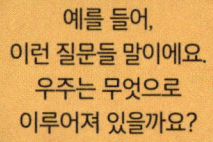
예를 들어, 이런 질문들 말이에요. 우주는 무엇으로 이루어져 있을까요?

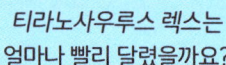
티라노사우루스 렉스는 얼마나 빨리 달렸을까요?

세상에는 아래 예시처럼 아주 다양한 비밀이 숨겨져 있어요.

아직 발견되지 않은 것

사실이라고 생각하지만, 확신할 수 없는 것

절대로 알 수 없는 것

누군가는 알고 있지만, 알려 주지 않는 것

찾을 수만 있다면, 알 수 있는 것

한때 사람들이 알고 있었지만, 지금은 *아무도* 모르는 것

모르는 편이 더 나은 것

우리가 모른다는 사실조차 모르고 있는 것

과학자와 수학자, 역사가, 철학자들이
끊임없이 새로운 발견을 하고,
수수께끼를 풀고, 이론을 증명하거나
반증하고 있지요.

아는 것과
모르는 것의 경계는
계속 바뀌고 있어요.

여러분이 이 책을 읽을 때쯤
여기서 소개한 수수께끼 중 몇 개는
이미 해결됐을지도 몰라요.

어쩌면 어떤 수수께끼는
절대 풀 수 없을지도요.
하지만 누가 알겠어요?
언젠가 여러분이 진실을
파헤치게 될지도 모르지요!

혹시 세상의 비밀들이 줄어들까 봐
걱정하지는 마세요.
알면 알수록, 더 알아내야 하는
세상의 비밀이 무궁무진하게
남아 있다는 사실을 깨달을 테니까요.

낯설거나 어려운 단어는
124~125쪽 <낱말 풀이>에서 찾아보세요.

1 모든 행성은 빙글빙글 돌아요…

하지만 금성은 반대 방향으로 돌지요.

태양계에 있는 행성 여덟 개는 태양 궤도를 따라 움직이면서 스스로 돌아요.
행성들은 대부분 같은 방향으로 돌지만… 금성은 반대예요.

행성들은 저마다 행성 한가운데를
관통하는 가상의 선인
축을 중심으로 회전해요.

축

행성 대부분은 아래 그림처럼
화살표를 따라 돌아요.
이를 **순행**이라고 해요.

지구

화성

목성

토성

천왕성
천왕성은 오래전 발생한
충돌로 기울어졌지만, 계속
같은 방향으로 돌고 있어요.

수성

금성
다른 행성과는 달리,
금성은 **반대** 방향으로
천천히 돌아요.
이를 **역행**이라고 해요.

해왕성

금성이 왜 반대로 도는지는
아무도 모르지만, 천문학자들은
두 가지 가설을 세웠어요.

①
뒤집혔을 것이다.
오래전, 금성은
커다란 소행성과
한 번 이상 부딪혔어요.
그 충격으로 회전 방향은
같지만 위아래가
뒤바뀐 거예요.

②
회전 방향이 바뀌었을 것이다.
수백만 년 동안 태양의 강력한 중력이 금성의 두꺼운
대기를 끌어당겼어요. 그 과정에서 마치 조수와 같은
강한 힘이 생겨났고, 이 때문에 금성은 회전 속도가
느려지다가 결국 반대 방향으로 돌게 된 거예요.

3 X 표시는 알 수 없다는 뜻이에요…

지도부터 수학 분야에 이르기까지요.

모르거나 확실하지 않은 것에 관해 쓰고, 이야기하고, 조사하기는 어려운 일이에요. 때로는 알 수 없는 것에 이름을 붙이면 문제가 수월해지기도 해요. 이때 흔히 X 표시를 사용해요.

대수학에서 쓰는 X
수학 분야 중 하나인 대수학에서는 모르는 값, 즉 **미지수**를 나타낼 때 x를 사용해요.

수학자들은 방정식을 풀어서 x값을 알아내지요.

$$ax^2+bx+c=0 \qquad \log xy = \log x + \log y$$

엑스(X)선
엑스선의 엑스(X)는 '미지의 방사선'이라는 뜻이에요. 이 방사선이 처음 발견되었을 때 과학자들은 이것이 무엇인지 잘 몰랐기 때문에 X선이라는 이름을 붙였어요. 훗날 엑스선의 정체가 전자기방사선으로 밝혀졌지만, 엑스선이라는 이름으로 여전히 사용되고 있어요.

X 표시
옛날에는 대다수의 사람이 읽고 쓰는 법을 배우지 못했어요. 그래서 중요한 서류에 서명할 수가 없었고…

…서명 대신 X 표시를 했어요. 이 사람들의 진짜 이름은 아무도 알 수 없어요.

지도 위 X 표시
여러 이야기 속 지도에는
X 표시가 자주 등장해요.
보물이 숨겨져 있을지도 모르는
장소를 나타내지요.

맬컴 엑스(X)
맬컴 엑스는 1950년대와 1960년대에
미국에서 아프리카계 미국인을 위해
싸웠던 사회 운동가이자 종교 지도자예요.

400년이 넘는 시간 동안, 수백만 명의
아프리카 사람들이 노예가 되어 미국과
카리브해 지역으로 끌려갔어요. 이 사람들은
새로운 이름을 받고 강제로 일해야 했지요.
그 결과, 많은 아프리카계 미국인은
조상이 물려준 성이 무엇이었는지
알 수 없게 되었어요.

맬컴 엑스는 이렇게 사라진
아프리칸 조상들의 성을 기리기 위해,
엑스(X)를 따서 자신의 성으로
사용했어요.

X 실험기
미국은 1940년대 이후 실험적인 항공기를 꾸준히 개발했는데,
이 과정에서 만들어진 실험기 이름들은 모두 철자 X로 시작해요.
수많은 실험기들은 극비리에 새로운 첨단 기술들을
시험하는 데 사용되어요.

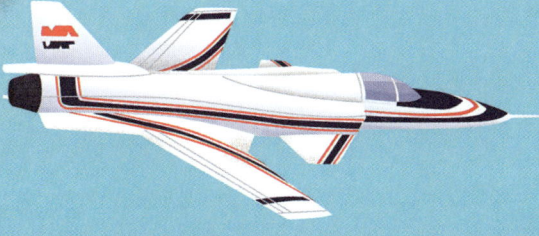

4 어떤 고둥의 이름은 헷갈리게도…

113개나 되었어요.

과학자들은 처음 보는 독특한 생물을 발견하면 새로운 **종**으로 분류하고, 이 생물을 평가한 후에는 라틴어로 된 공식적인 생물 이름인 **학명**을 부여해요. 그러면 모든 과학자가 그 생물의 이름을 알게 돼요.

이 고둥은 모두 **유럽총알고둥**이에요. 해안에 사는 달팽이의 한 종류지요. 이 고둥의 모양과 크기는 아주 다양하고…

안녕?

우리 아는 사이니?

우리 비슷하게 생긴 것 같아.

잠깐, 너는 누구니?

…무늬도 제각각이에요. 그래서 200년이 넘도록 과학자들은 다르게 생긴 유럽총알고둥을 발견할 때마다 이전에는 몰랐던 새로운 종이 나타났다고 생각했어요.

하지만 2000년대 초, 종의 이름을 짓는 **분류학자**들은 바다 생물이 종마다 *하나*의 이름을 가진 것이 맞는지 확인했어요.

분류학자들은 유럽총알고둥이 저마다 다른 사람에 의해 113번이나 "발견"되었고, 113개의 *다른* 학명이 붙었다는 사실을 알게 되었어요.

우리는 모두 같은 고둥이었어!

분류학자들이 학명을 하나로 통일한 결과 이제 유럽총알고둥은 모두 *리토리나 삭사틸리스*라는 학명을 가지고 있지요.

5 설인은 확실히 존재하지 않아요…

존재한다는 확실한 증거가 없다면요.

1951년, 어느 영국 탐험가가 에베레스트산에서 거대한 유인원이 남긴 듯한 눈 발자국 사진을 찍었어요. 어떤 사람들은 이 발자국이 덩치가 엄청나게 큰 얼음 괴물 **설인**이 산을 돌아다니다가 남긴 흔적이라고 믿었어요.

몇 년이 흘러, 설인의 증거를 찾기 위해 500명의 사람이 팀을 이루어 6개월 동안 히말라야산맥을 샅샅이 뒤졌어요. 이들은 모두 빈손으로 돌아왔지요.

하지만 히말라야인의 고대 전설에 따르면 위험한 설인이 존재했고, 그들이 사람들이 잘 다니지 않는 길을 다닌다고 해요.

2017년, 과학자들은 설인의 것으로 추정되는 뼈, 머리카락 등의 표본을 몇 년간 수집해 DNA 검사를 했어요. 그 결과, 이것들은 모두 곰의 털이나 뼈인 것으로 밝혀졌어요.

그러나 여전히 많은 사람이 설인이 있다는 새로운 증거를 찾고 있어요. 눈 위에 찍힌 발자국이나 설원을 돌아다니는 거인을 직접 봤다는 목격담까지 있지요. 오늘날에도 설인 찾기는 계속되고 있어요.

6 아직은 예측할 수 없어요…

지진이 언제 일어날지 말이에요.

지진은 땅속 깊은 곳이 흔들리면서 일어나요.
큰 지진이 일어나면 땅 위에는 끔찍한 피해가 발생하지요.
만약 지진을 비처럼 정확히 예측할 수 있다면 많은 생명을 구할 수 있을 거예요.

지구의 지각은 **지질 구조판**이라는 거대한 암석 판 여러 개로 구성되어 있어요.

지질 구조판은 각각 다른 종류의 암석들이 여러 층을 이루고 있지요.

판들은 천천히, 끊임없이 미끄러지듯 움직이며 서로 마찰을 일으키고 이렇게 판이 서로 부딪히는 동안 압력이 높아져서 땅이 흔들리게 돼요.

이 현상이 바로 **지진**이에요. 지진이 일어나는 원인을 알면 지진이 어디에서 발생할지 예측하기 더 쉬워지지요.

지진을 예측하는 방법 중 하나는 지진 초기 단계에 땅속 깊은 곳에서 방출되는 기체 **라돈**을 검사하는 거예요.

그러나 아직은 지진을 예측하기 위해 최선을 다한다고 해도

고작 지진이 일어나기 몇 분 전에 예측하고 사람들에게 대피를 알리는 것에 불과해요.

하지만 더 많은 생명을 구하려면 지진이 일어나기 몇 시간 전에 알아내서 대피를 시켜야 할 거예요.

7 여러분도 유명해질 수 있어요…

하지만 가명을 쓰면 익명으로 남을 수 있어요.

세계적으로 유명하지만, **가명**, 즉 가짜 이름으로만 알려진 사람들도 있어요. 이 사람들의 진짜 이름은 완전히 숨겨져 있기 때문에 **익명**으로 남아 있어요.

엘레나 페란테는 이탈리아의 소설가예요. 독자들이 자신의 정체에 관심을 쏟지 않길 바라며 가명을 사용했어요. 페란테는 "문학을 사랑하는 사람에게는 책이 있는 것으로 충분해요."라고 말했어요.

엘 샤히드는 이집트에서 활동하는 반정부 시위자예요. 정부에 체포되지 않기 위해 신분을 숨기고 있어요.

스티그는 영국의 자동차 프로그램에 나오는 운전자예요. 아무도 정체를 모르기 때문에, 여러 운전자가 스티그라는 이름으로 번갈아 출연해요.

나카모토 사토시는 '비트코인'이라는 새로운 유형의 통화를 만들었어요. 사토시는 어떤 인터뷰도 하고 싶지 않아 해요.

레지던츠는 1960년대에 결성된 미국의 아트록 밴드예요. 레지던츠는 변장을 해서 팬들이 음악에만 집중할 수 있도록 해요.

뱅크시는 공공장소에 몰래 벽화를 남기고 사라지는 것으로 유명한 영국의 예술가예요. 하지만 몰래 공공장소에 그림을 그리는 것은 불법이기 때문에 가명을 쓰고 있어요.

8 야구공에 바르는 진흙은…

일급 비밀이에요.

미국에서는 프로야구 경기 전, 매끈거리는 새 공에 진흙을 발라서 야구공이 미끄러지지 않고 손에 잘 잡히게 만들어요. 하지만 진흙이 묻은 공이 공중에서 잘 보이지 않는 것이 골칫거리였지요. 미국의 한 가문에서 사라지는 진흙을 사용해 해결책을 찾아내기 전까지는요.

이 가문은 몇 대째 미국 델라웨어강 주변에 있는 비밀 장소에서 진흙을 채취해 야구 팀에 팔아요. 이 진흙을 **매직 머드**라고 해요. 야구 선수들은 큰 경기가 열리기 전, 야구공에 매직 머드를 발라요.

델라웨어강에서 가져온 매직 머드는 일반 진흙과 다르게 마르면서 색이 옅어지기 때문에 야구공이 잘 보이고, 미끄러지지 않고 손에 잘 잡혀요.

오늘날까지도 화학자와 기술자 들은 야구공에 바르는 매직 머드를 완벽하게 따라 만들지 못해요.

미국 프로야구 리그에서는 시즌마다 경기에 사용되는 약 30만 개의 공에 매직 머드만 사용하도록 규칙으로 정해 놓았어요.

9 꿈이 시작되어요…

과학자가 찾지 못한 어딘가에서요.

꿈은 수천 년 동안 사람들의 마음을 사로잡은 주제였어요. 꿈을 연구하는 **수면 과학자**들은 여전히 꿈에 대한 알 수 없는 사실의 해답을 찾고 있지요.

수면 과학자들은 실험 지원자들이 잠을 자는 동안 뇌에서 일어나는 전기 활동을 관찰했어요. 그 결과, 사람은 하룻밤에 몇 번씩 꿈을 꾼다는 사실을 알게 되었지요.

꿈이 밤새 이어진 것처럼 느껴지더라도 실제로 꿈을 꾼 시간은 20분을 넘지 않을 거예요.

언제?
꿈은 주로 **렘 수면**(빠른 안구 운동) 단계에서 꿔요. 이때 뇌는 활발히 활동하고, 눈꺼풀 아래에서는 눈동자가 이리저리 움직여요.

어디서?
수면 과학자들은 뇌 데이터와 전기 신호를 분석해 뇌의 어느 부분에서 꿈이 만들어지는지 찾고 있어요. 하지만 아직 우리가 꿈을 꾸도록 하는 뇌 부위가 한 군데인지 여러 군데인지 정확히 알지 못해요.

왜?
과학자들은 꿈을 꾸는 이유에 관한 여러 가설을 생각해 냈지만 아직 확실한 답은 찾지 못했지요.

10 암흑 에너지는 어둡고 캄캄하지 않아요…

그저 감지할 수 없을 뿐이에요.

우주는 팽창하고 있어요. 그것도 천천히 팽창하는 게 아니라, 점점 빠른 속도로 말이에요. 물리학자들은 이러한 현상이 *어떤 에너지원 없이는 불가능하다*고 생각하고, 이 미지의 에너지를 **암흑 에너지**라고 불러요.

여러분은 천문학자와 물리학자지요? 알려 주세요. 암흑 에너지란 대체 뭔가요?

전혀 알 수 없어요. 수수께끼의 물질이죠. 밝지도 어둡지도 않아요. 우리가 볼 수도, 들을 수도, 냄새를 맡을 수도, 느낄 수도 없어요.

하지만 암흑 에너지가 우주에 영향을 끼친다는 건 알 수 있어요. 무언가가 은하계와 별, 우주 사이를 더 빠른 속도로 멀어지게 해요.

11 가장 긴 강의 길이는…

재는 사람에 따라 달라져요.

강 길이를 잴 때는 강이 시작하는 지점부터 강이 바다 또는 호수와 만나는 지점인 **하구**까지의 거리를 측정해요. 하구는 찾기 쉽지만, 물줄기가 처음 흐르기 시작하는 강의 **발원지**를 찾는 일은 무척 까다로워요.

만약 여러분이 하구에서부터 강을 거슬러 올라간다면, 저마다 다른 방향에서 강물이 흘러드는 것을 발견할 수 있을 거예요.

큰 강에서는 나무가 가지를 치듯이 강줄기가 갈라져요. 어떤 강줄기를 따라갈 건지 선택해서 발원지를 찾지요.

큰 강에 합류하는 작은 강들을 **지류**라고 해요.

12 올림픽에서 우승한 선수 한 명은…

아직도 이름을 알 수 없어요.

1900년에 열린 파리 올림픽에서 관중이었던 한 소년이 조정 경기에 참여해 우승을 차지했어요. 하지만 이 소년은 상을 받기도 전에 떠나 버렸고, 지금까지도 누구인지 아무도 몰라요.

조수(노를 젓는 선수)들은 **타수**(키를 조종하는 선수)를 믿고 따라요. 타수는 배의 방향을 잡아 주고 박자에 맞춰 노를 저을 수 있도록 해요. 타수의 몸무게가 가벼울수록 배는 더욱 빨리 움직일 수 있어요.

네덜란드 팀은 직전 경기를 힘들게 치렀고, 결승전이 열리기 몇 분 전에 몸무게가 많이 나가는 타수 대신 관중에서 몸집이 작은 한 소년을 타수로 데려왔어요.

강의 총 길이는 어느 지류를 따라가느냐에 따라 달라지고…

…강 가운데를 따라갈지, 강기슭을 따라갈지에 따라 달라요.

또 굽이진 곳마다 어느 쪽에 가깝게 재는지에 따라 달라지지요.

지도 제작자들은 아래의 두 강이 세계에서 가장 길다는 데 동의하지만, 강의 길이에 관해서는 저마다 의견이 달라요.

아프리카에 있는 **나일강**의 길이는 **5,499km**에서 **7,088km**까지로 측정돼요.

남아메리카에 있는 **아마존강**의 길이는 **6,275km**에서 **6,992km**까지로 추측되지요.

마지막 순간에 내린 이 결정으로 네덜란드 팀은 우승을 차지했어요.

세 선수는 같은 팀을 이루어 경기를 하고 사진을 찍었어요.
이 사진은 우승한 소년에 대한 유일한 단서예요.

13 기자에 있는 대스핑크스는…

진짜 스핑크스가 아닐지도 몰라요.

고대 이집트 기자에 있는 피라미드 옆에는 **대스핑크스**라는 거대한 조각상이 있어요.
스핑크스는 고대 신화에 나오는 괴물의 이름에서 따 온 이름이에요.
대스핑크스 조각상의 *진짜 정체*가 무엇인지는 고고학자마다 의견이 분분하고,
풀리지 않는 수수께끼가 많이 남아 있지요.

고고학자들은 대스핑크스가 아마 4,500년 전에
만들어졌을 거라고 생각해요. 하지만 누가, *왜* 만들었는지,
또 조각상에 무슨 *의미*가 담겨 있는지 확실히 밝혀지지 않았어요.

2,500년 전 어떤 고대 그리스 작가들이
이 조각상에 **대스핑크스**라는 이름을 붙였어요.
조각상의 생김새가 그리스 신화 속에 나오는
사람의 머리와 사자의 몸, 독수리 날개를 지닌 괴물
스핑크스와 닮았기 때문이지요.

하지만 오늘날 이집트 사람들은
이 조각상을 대스핑크스라고 부르는 대신
'*공포의 아버지*'라는 뜻의
아부 홀이라 불러요.

이 조각상이 만들어질 때는
날개가 달려 있었을까요?
진짜 신화 속 스핑크스를
조각한 걸까요? 그건 아무도 몰라요.

대스핑크스가 누구의 얼굴을 본떠 만든 것인지
아무도 확실히 알지 못해요. 수 세기 전에는
누군가가 조각상의 얼굴 위에 올라가
코를 떼어 낸 일도 있었어요.
누가, 왜 그랬는지는
여전히 알 수 없지요.

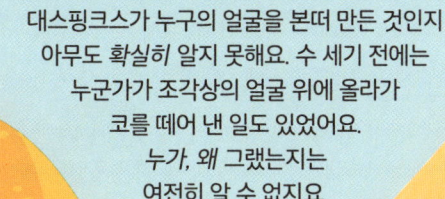

고고학자들은
현재 대스핑크스의 얼굴이
만들어질 당시의 대스핑크스와
달랐을 것이라는 생각까지 해요.
만들어진 이후 사람들이
조각상에 추가 작업을 했을
거라고 생각하지요.

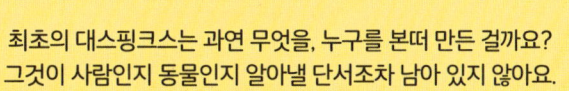

최초의 대스핑크스는 과연 무엇을, 누구를 본떠 만든 걸까요?
그것이 사람인지 동물인지 알아낼 단서조차 남아 있지 않아요.

14 여성은 역사 속에서 사라졌어요…

마틸다 효과 때문이에요.

수 세기 동안, 여성이 이룬 과학적 업적과 발견은 성과를 인정받지 못하고 대충 넘어가거나 역사에서 지워졌어요. 심지어는 다른 남성들의 공으로 인정되기도 했지요. 이런 일이 너무나 자주 일어나는 바람에 **마틸다 효과**라는 단어가 생겨났어요.

1800년대에 마틸다 조슬린 게이지라는 여성이 이런 일에 대해 처음 언급했어요. 세월이 흐르며, 역사 속에서 업적이 지워진 여성들을 재발견하는 연구가 이루어졌지요.

나는 앨리스 볼이에요. 나병을 고치는 놀라운 치료법을 개발했어요. 하지만 불행하게도, 내가 죽자 상사가 내 업적을 모두 가로챘어요. 내 공헌이 밝혀지기까지 수십 년이나 걸렸어요.

나는 로잘린드 프랭클린이에요. 처음으로 DNA 사진을 찍은 화학자지요. 이 사진으로 DNA의 구조를 밝힌 과학자들은 최고의 과학상인 노벨상을 받았지만 나는 상을 받지 못했고, 함께 연구한 남자 과학자들만 상을 받았어요.

나는 800년 전 이탈리아에 살았던 의사 트로타예요. 여성을 위한 중요한 의학책을 많이 썼지만, 수 세기 동안 내 이름은 밝혀지지 않았어요.

나는 조슬린 벨 버넬이에요. 실험실에서 우주를 관찰하며 **펄서**라는 중성자별의 존재를 밝혀냈어요. 이 발견으로 연구 담당 교수는 노벨상을 받았지만, 나는 상을 받지 못했어요.

안타깝게도 얼마나 많은 놀라운 발견이 여성에 의해 이뤄졌는지 정확하게 알 수 없을 거예요.

22

15 우주는 기울어져 있어요…

이론적으로는 대칭이지만요.

처음 별을 연구하기 시작한 이래 과학자들은 우주 모양을 설명하는 이론들을 만들고 발전시켜 왔어요. 하지만 최근까지도 이 이론들을 시험해 볼 수는 없었어요.

과학자 대부분은 우주가 수십억 년 전 **빅뱅**이라는 사건에서 시작되었다고 생각해요. 빅뱅은 우주의 모든 것이 아주 작고 뜨겁고 밀도가 높은 점에서 빠르게 팽창하며 생겨난 일을 말해요.

과학자들은 빅뱅 이후 우주가 모든 방향을 향해 같은 속도로 팽창해야 한다고 생각해요.

이론적으로, 이때 형성된 은하들이 모든 방향으로 고르게 퍼져 있어야 한다는 뜻이에요.

최근에 성능이 뛰어난 망원경이 개발되어 과학자들은 어마어마하게 먼 거리에 있는 수백만 개의 은하를 연구할 수 있게 되었어요.

이 망원경으로 우주를 살펴본 결과, 우주는 특정 방향으로 더 빠르게 팽창하는 것처럼 보였어요. 이는 우주가 한쪽으로 치우쳐 있을 수도 있다는 뜻이에요.

왜 그런지는 아무도 몰라요!

만약 앞으로도 같은 연구 결과가 나온다면 우리는 지금까지 알고 있었던 우주에 대해 처음부터 다시 생각해야 할지도 몰라요.

16 추락했을까, 납치됐을까, 조난됐을까…

아무도 알 수 없을 거예요.

1930년대, 비행을 새롭고 흥미로운 기술이었어요. 많은 사람들이 비행기 조종사가 되었고, 유명한 조종사들이 생겨났지요. 그중에서도 미국의 여성 조종사 **아멜리아 에어하트**는 아주 유명했는데, 에어하트는 비행기를 타고 최초로 세계 일주에 도전하던 중 태평양 어딘가에서 사라져 버렸어요.

수십 년 동안, 사람들은 의문을 품었어요. **아멜리아 에어하트에게 무슨 일이 일어난 걸까요?**

안녕! 나는 아멜리아 에어하트예요. 항법사인 프레드 누난과 함께 비행기를 타고 세계 일주 비행에 나섰지요.

알려진 정보

1937년 7월 2일 오전 10시
에어하트와 누난은 뉴기니에서 출발해 하울랜드 섬으로 떠났어요.

약 20시간 뒤
에어하트는 태평양 해안경비대에 마지막 무전을 보냈어요.

한 시간 만에 수색과 구조 작업이 시작되었지만, 에어하트의 비행기는 흔적조차 찾을 수 없었어요.

추측

에어하트와 누난은 비행기 사고로 죽었을까요? 아니면, 다음 일이 일어났을 가능성도 있을까요?

추측 1
비행기 연료가 떨어져서 태평양에 추락하고 비행기는 가라앉았을 것이다.

추측 2
태평양에 있는 작은 섬 니쿠마로로에 불시착하고 이때 충격으로 두 사람은 사망했을 것이다.

추측 3
에어하트와 누난은 니쿠마로로에 비상 착륙한 후 조난자가 되었고…

추측 4
에어하트와 누난은 길을 잃고, 일본이 지배하던 마셜 제도에 상륙했을 것이다.

1937년 7월 9일
에어하트가 사라진 지 일주일 뒤, 미국의 한 비행기가 니쿠마로로 상공을 날던 중 40년 동안 아무도 살지 않던 섬에 사람이 사는 흔적을 찾았다고 보고했다.

당시 일본과 미국은 적대적인 관계였다. 두 사람은 미국인이기 때문에 건첩으로 오해받아 포로가 되어 죽임을 당했을 것이다.

…섬에서 몇 주 또는 몇 년을 살아 남으며 구조를 기다렸을 것이다.

1939년 1월
에어하트가 사라진 지 18개월 뒤, 에어하트는 사망한 것으로 공식 발표되었다.

1940년
누군가 니쿠마로에서 사람 뼈를 발견했다. 사람들은 이것이 어떤 남자의 뼈일 거라고 추측했다.

1989년
공식적인 조사 결과, 니쿠마로에서 발견된 뼈는 에어하트처럼 키가 큰 여성의 뼈일 가능성도 있다.

1937년 이래 사람들은 수심이 깊은 킬로미터에 달하는 바다와 해안선을 삳살이 뒤지고 막대한 금액을 들여 에어하트에 대한 진실을 알아내려 하고 있어요.

오늘날까지 에어하트에게 일어난 사건을 둘러싼 논쟁은 끊이지 않고 있어요. 다양한 주장이 있지만 그 주장을 뒷받침할 결정적인 증거가 부족하기 때문이에요.

17 악어는 눈물을 흘려요…

하지만 아무도 그 이유를 몰라요.

사람들은 거짓 슬픔이나 가짜 눈물을 가리켜 **악어의 눈물**이라고 표현해요.
그런데 사실 악어는 먹이를 먹을 때 *진짜* 눈물을 흘려요.
하지만 그 이유는 정확히 밝혀지지 않았어요.

18 비밀 소스로…

큰돈을 벌 수 있어요.

회사들은 발명품이나 아이디어, 또는 특별한 소스의 제조법 같은 귀중한 정보를 경쟁사나 대중이 알지 못하게 숨겨요. 이런 **기업 비밀**은 철저히 지키기만 한다면 가치가 수십억 원에 이르기도 해요.

하지만 기업 비밀을 지킨다는 것은 위험한 게임을 벌이는 것과 같아요. 다른 회사의 사람들이 온갖 교활한 속임수를 써서 경쟁사의 비밀을 빼내려고 할 테니까요.

나는 저 회사에 취직해서 소스 만드는 비법을 훔칠 거예요! 나 같은 사람을 **산업 스파이**라고 해요. 이는 불법이지요.

우리 회사의 유명한 소스 제조법은 나 말고 아는 사람이 거의 없어요.

나는 소스를 분석해서 재료와 제조법을 알아낼 거예요. 이처럼 거꾸로 완성품을 연구해서 제조법을 알아내는 방법을 **역설계**라고 해요.

한 회사가 경쟁 상대로부터 기업 비밀을 안전하게 지킨다면, 그 누구도 따라 만들 수 없는 유일하고 값비싼 가치를 지닌 제품을 만들게 될 거예요.

19 우주 종말의 모습은…

네 가지 중 하나일 거예요.

과학자 대부분은 약 140억 년 전 일어난 **빅뱅**이 우주의 시작이라고 생각해요. 하지만 우주의 종말에 대해서는 다양한 가설이 있어요.

빅뱅 이후로 우주는 계속해서 팽창하고 있어요.
은하와 별, 행성 들의 사이는 점점 더 멀어지고 있지요.
이 팽창의 끝은 어디일까요?

과학자들은 크게 네 가지 가설을 내놓았어요.

은하 과자 묶음 상품

빅 칠

모두 과자에 종말을 가져온다!

우주가 너무 많이 팽창해서 결국 별들이 죽고 모든 것이 차갑게 식어 버려, 우주에서는 두 번 다시 어떠한 움직임이나 빛을 찾아 볼 수 없을 거예요.

이보다 더 차가울 수 없다!

은하 과자 묶음 상품

빅 립

모두 과자에 종말을 가져온다!

우주가 계속 팽창하고 그 속도가 더욱더 빨라져 언젠가 우주 전체가 갈기갈기 찢어져 사라져 버릴 거예요.

우주를 찢는 맛!

빅 크런치

은하 과자 묶음 상품

우주의 팽창이 어느 시점부터 거꾸로 진행돼서, 팽팽해졌던 고무줄이 원래대로 돌아가듯이 우주는 작고, 뜨겁고, 밀도 높은 하나의 점으로 수축할 거예요.

온 우주를 한입에 와그작!

빅 바운스

은하 과자 묶음 상품

만약 빅 크런치가 일어난다면, 밀도가 너무 높아져 또 다른 빅뱅으로 이어질 거예요. 이런 일은 전에도 일어났고 앞으로도 계속 일어날 수 있어요.

먹고, 먹고 또 먹는 과자

지금도 과학자들은 우주가 무엇으로 이루어져 있고 시간에 따라 어떻게 변화하는지 알아내려고 자료를 모으고 있어요.

물리학자들은 빅 립과 빅 칠이 일어날 가능성이 가장 크다고 생각해요. 하지만 우주가 종말을 맞이하려면 수십억 년, 심지어 수조 년이 넘게 걸릴 거예요. 과학자들이 다른 가설을 더 만들어 낼 시간은 충분해요!

20 나라 모양은…

기후 변화에 따라 바뀔 수 있어요.

두 나라 사이의 국경은 강이나 호수, 산 같은 자연적인 특징에 의해 정해지기도 해요.
그런데 기후가 변하면서 자연 환경도 변하면 국경은 어떻게 될까요?

이탈리아와 스위스 사이의 국경 일부는
알프스산맥 높은 곳에 있는 **테오둘 고개**를 지나가요.
이곳의 40년 전 풍경은 아래 그림처럼 생겼지요.

고개는 산봉우리들 사이에 있는
상대적으로 지형이 낮은 곳을 말해요.
공식적인 국경은 산봉우리에서
흐르는 물이 두 갈래로 나뉘는 지점인
분수계를 기준으로 하고 있지요.

테오둘 고개에 쌓인 눈과 얼음

스위스 / 이탈리아

이탈리아의 스키 산장

분수계와 국경

현재 스위스와 이탈리아 국경의 모습은
이렇게 변했어요. 지구 온난화로
한때 고개를 덮고 있던 얼음이 녹아
고개의 모양이 바뀌고 분수계가 이동한 거예요.

이 때문에 이상한 문제가 생겼지요.
1984년 이탈리아에 지은 스키 산장 대부분이
2018년이 되자 스위스 국경에 속하게 되었어요.

스위스 / 이탈리아

부엌에 들어가려면
여권을 보여 줘야
하나요?

결국 이탈리아와 스위스는 테오둘 고개에 새로운 국경을 정하기로 했어요.
하지만 지구가 점점 따뜻해지며 산에 국경이 있는 다른 지역도 영향을 받을 수 있어요.
절대로 바뀌지 않을 것처럼 보이던 것들도 우리가 예측할 수 없는 방식으로 움직이고 변하기도 하지요.

21 과학자들은 가상의 얼음 구름에서…

혜성들이 태어난다고 추측해요.

가설은 실제 자료를 바탕으로 생각했지만, 아직 증명되지 않은 과학적인 추측과 이론이에요. 우주에 대한 가설 중에는 태양계에서 가장 춥고, 어둡고, 먼 곳에 무언가 떠다니고 있을지도 *모른다*는 흥미로운 가설도 있지요.

천문학자들은 태양계가 수조 개의 얼음덩어리로 이루어져 있는 거대한 구름에 둘러싸여 있다고 가정해요. 이 구름을 **오르트 구름**이라고 불러요.

오르트 구름은 지구와 태양의 거리보다
2만 배는 더 떨어진 곳에 있어요.
오르트 구름은 지구에서 너무 멀리 떨어져 있고,
너무 어둡고 넓게 흩어져 있어서
우리가 오르트 구름을 직접 볼 수는 없어요.

하지만 우리는 오르트 구름이
실제로 존재한다는 신호를 눈으로 볼 수 있지요.

오르트 구름은 궤도를 따라 태양 주위를
돌고 있지만, 때때로 얼음덩어리들이 가까이 있는
다른 별들의 중력 때문에 궤도에서 벗어나서….

…가스와 먼지를
꼬리처럼 늘어뜨린
얼음덩어리 **혜성**이 되어
태양을 따라 돌아요.

태양

천문학자들은 수 세기 동안
혜성을 관찰해서
우주 공간에서 혜성이
움직인 길을 추적하고
가설을 세웠어요.

천문학자들은 수많은 혜성이
눈에 보이지 않고 상상할 수 없을 만큼
먼 곳에 있는 구름 한 곳에서 왔을
가능성이 크다는 결론을 내렸지요.

31

22 공룡의 피부는 수수께끼지만…

깃털에는 정보가 가득해요.

공룡은 수백만 년 전에 멸종했지만 공룡의 뼈나 피부 등은 땅속에 묻혀 **화석**이 되었어요. 과학자들은 화석을 연구해 공룡이 어떤 모습이었을지 추측해요. 어떤 부위는 몇몇 화석이 남아 있지만, 화석으로 잘 변하지 않아 상상할 수밖에 없는 부위도 있어요. 그래서 아직 공룡의 모습을 완벽하게 추측하는 것은 불가능해요.

공룡 **뼈**와 **깃털** 화석은 많이 남아 있지만 가죽 같은 **피부**는 보통 화석이 되기 전에 썩어 없어져 버려서 화석이 얼마 남지 않았어요.

깃털 화석은 과학자들이 공룡의 모습을 알아내는 데 도움이 돼요.

공룡은 오늘날의 새와 아주 가까운 존재예요. 과학자들은 새의 깃털 세포와 공룡의 깃털 화석 세포를 비교해서 비슷한 세포를 찾아내요. 그런 다음, 공룡의 깃털이 어떤 색이었는지 알아내지요.

안키오르니스
화석 세포가 소시지 모양이면 깃털 색이 아주 어두웠을 거예요.

시노사우롭테릭스
화석 세포가 둥근 모양이면 깃털이 주황색일 가능성이 커요.

23 이 배는 오래된 것이거나 새것이고…
한 척이거나 두 척이기도 해요.

모순되거나 논리나 상식에 어긋난 것처럼 보이는 아리송한 문제를 **역설**이라고 해요. 고대 그리스 철학자들이 생각해 낸 역설은 오늘날에도 고개를 갸우뚱하게 만든답니다.

이 배는 **테세우스의 배**예요. 사람들은 배를 몇 년 동안 세심히 관리했지요.

배 부품이 닳을 때마다 새 부품으로 바꿔 넣었어요.

시간이 지나며 돛과 널빤지, 못 등 배의 모든 부분을 교체했고, 원래 배에 있던 부품은 단 하나도 남지 않았어요.

그렇다면 테세우스의 배는 여전히 테세우스의 배일까요? 아니면 이제는 다른 새로운 배일까요? *만약 새로운 배라면*, 언제부터 테세우스의 배가 아니게 되었을까요?

만약 원래 배의 낡은 부품을 모두 모아서…

…조립해 두 번째 배를 만든다면요? 이 배가 진짜 테세우스의 배일까요? 아니면 테세우스의 배가 두 척이 된 것일까요?

24 찻숟가락에 담긴 흙에는…

생명이 한가득 숨어있어요.

언뜻 보기에 흙더미 속에는 아무런 생물도 살지 않을 것처럼 보여요. 하지만 사실 흙 속에는 놀랍도록 다양한 종류의 생물이 가득 살고 있고, 성능이 좋은 현미경으로 이 생물들을 볼 수 있어요.

찻숟가락만큼 뜬 아주 적은 양의 흙 속에는 길이가 몇 킬로미터나 되는 가느다란 균류와…

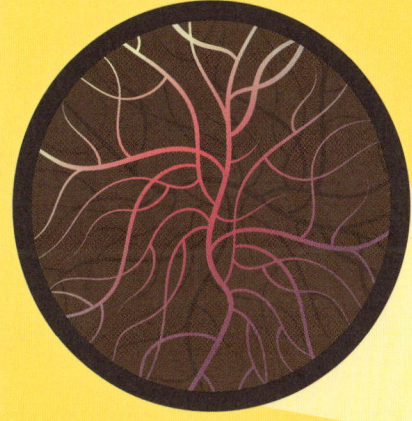

…세균 세포가 10억 개 이상 있어요. 이 세포는 10만 종이나 되는 **토양 미생물**의 세포예요.

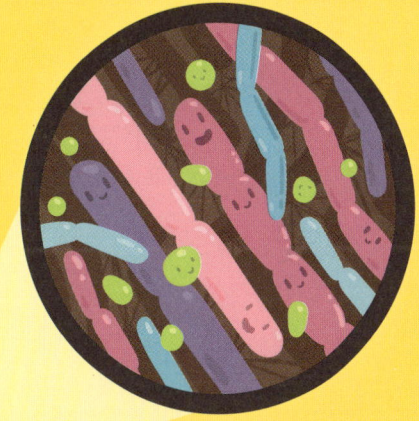

'스트렙토미세스' 같은 몇몇 토양 미생물은 흙 속 물질들을 분해해 주어서 농작물이 자라는 것을 도와요.

하지만 아직 정체를 모르거나 연구가 부족한 토양 미생물이 많이 있지요. 토양 미생물이 생태에 어떤 도움을 주고 있는지 아직 자세히 밝혀지지 않았어요.

미래에 우리가 먹을 식량을 충분히 생산하기 위해서는 흙을 건강하게 지켜 주어야 해요. 그러기 위해서 과학자들은 흙을 건강하게 만들어 주는 미생물을 더 많이 발견하는 것이 중요하다고 생각하지요.

25 우주에서 날아온 젤리 덩어리가…

지구에 상상을 불러일으켜요.

1950년 어느 밤, 미국 필라델피아에서 경찰관 두 명이 하늘에서 내려오는 이상한 형체를 발견하고 가까이 가서 살펴보았어요. 그것은 지구에서는 절대 볼 수 없는 것처럼 생긴 미지의 물질이었지요. 마치 신비롭게 빛이 나는 끈적끈적한 젤리 덩어리 같았어요.

과학 수사대는 이 젤리 덩어리를 연구하기 시작했고, 젤리는 공상 과학 영화 제작자들에게도 많은 영감을 주었어요.

원조 젤리 덩어리 <블롭>

꼭 봐야 할 명작 영화! 공상 과학 영화계의 전설!

영감을 준다!
★★★★★
1958년 영화 <블롭> 속 괴물 악당의 탄생!

빛이 난다!
★★★★★
초자연적인 보랏빛을 내뿜는 블롭!

반짝인다!
★★★★★
블롭 속에 들어 있는 반짝이는 것의 정체는 수정?

녹는다!
★★
닿는 것은 모두 녹여 버린다!

이 미지의 물질은 **스타 젤리**라고 불려요. 스타 젤리가 발견된 것은 처음이 아니고, 마지막도 아닐 거예요. 수 세기 동안 하늘에서 스타 젤리가 떨어지는 광경을 목격했다는 기록이 남아 있거든요.

사실 스타 젤리가 우주에서 왔다는 증거는 없어요.

과학자들은 스타 젤리가 개구리 내장이나 균류, 담수 조류 등으로 이루어졌을 것이라며 정체에 관한 여러 가설을 내놓았어요. 하지만 그중 지금까지 증명된 것은 아무것도 없지요.

26 깊은 우주의 수수께끼는…

깊은 땅속에서 풀릴지도 몰라요.

천체 물리학자들은 **암흑 물질**이라는 미지의 물질이 멀리 떨어진 은하들을 서로 붙들고 있다고 생각해요. 하지만 암흑 물질이 무엇으로 이루어졌고 어떻게 은하들을 붙들어 두는지는 아무도 몰라요. 이 수수께끼는 우주가 아니라 버려진 광산에 지은 특별한 실험실에서 풀릴 수도 있어요.

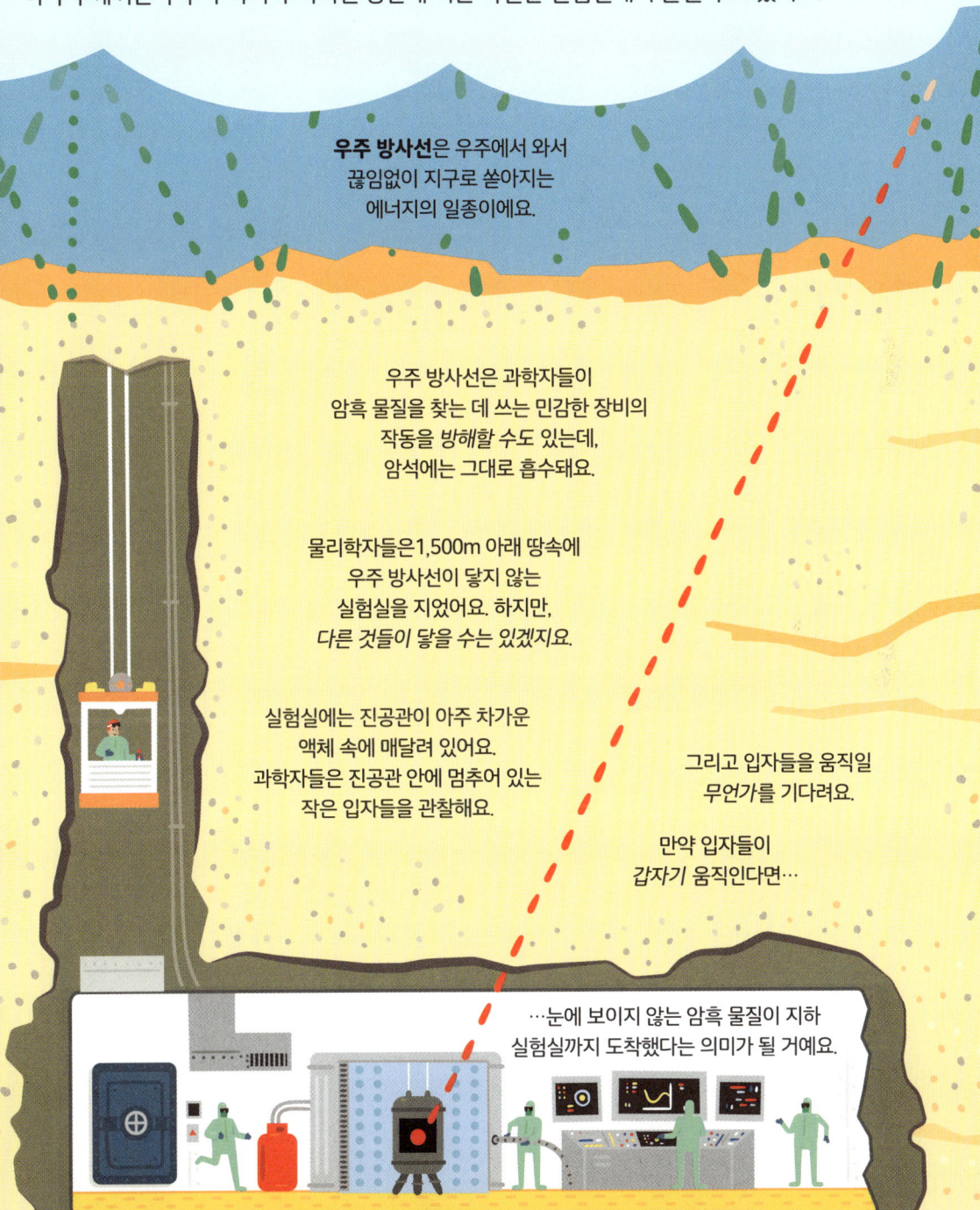

우주 방사선은 우주에서 와서 끊임없이 지구로 쏟아지는 에너지의 일종이에요.

우주 방사선은 과학자들이 암흑 물질을 찾는 데 쓰는 민감한 장비의 작동을 방해할 수도 있는데, 암석에는 그대로 흡수돼요.

물리학자들은 1,500m 아래 땅속에 우주 방사선이 닿지 않는 실험실을 지었어요. 하지만, 다른 것들이 닿을 수는 있겠지요.

실험실에는 진공관이 아주 차가운 액체 속에 매달려 있어요. 과학자들은 진공관 안에 멈추어 있는 작은 입자들을 관찰해요.

그리고 입자들을 움직일 무언가를 기다려요.

만약 입자들이 갑자기 움직인다면…

…눈에 보이지 않는 암흑 물질이 지하 실험실까지 도착했다는 의미가 될 거예요.

27 남극하트지느러미오징어가…

얼마나 거대한지 아무도 몰라요.

수 세기 동안 선원들은 바닷속에 촉수가 달린 거대한 생물이 살고 있을 거라 생각했어요. 오늘날 우리는 이 생물이 실제로 존재한다는 걸 밝혀 냈지요. 하지만 이 생물이 *얼마나 크게* 자라는지는 아직 알려지지 않았어요.

이러한 생물이 실제로 있다는 최초의 증거는 1942년에 밝혀졌어요. 바닷속 깊이까지 잠수하는 고래의 배 속에서 어떤 생물의 촉수가 발견된 거예요.

촉수의 크기는 그때까지 알려진 *어떤 오징어의 촉수보다도* 훨씬 더 컸고 고리가 있었어요. 과학자들은 이 새로운 종에 **남극하트지느러미오징어**라는 이름을 붙였어요.

남극하트지느러미오징어는 남극 주변의 깊고 깜깜한 바닷속에서 살아요. 촉수가 발견된 지 50년이 지난 후에야 마침내 남극하트지느러미오징어 한 마리를 통째로 잡아 자세히 살펴볼 수 있었지요.

오늘날까지 남극하트지느러미오징어가 야생에서 목격된 적은 거의 없어요.

과학자들은 남극하트지느러미오징어가 버스보다 더 길게 자랄 것이라고 추측하지만, 확실하지는 않아요.

남극하트지느러미오징어는 바닷속 수 킬로미터 아래에 살기 때문에 살아 있는 남극하트지느러미오징어를 본 사람은 아무도 없어요. 그래서 몸집이 얼마나 큰지 알아보는 것은 거의 불가능할 거예요.

28 텅 빈 액자만 걸려 있어요…

값비싼 미술품을 도둑맞은 현장이에요.

1990년 3월 어느 이른 아침, 미국 보스턴에 있는 미술관에서 그림 13점이 사라졌어요.

도둑들이 경찰인 척 미술관에 와서 경비원을 묶어 두고 그림을 훔쳐 간 거였지요.

도난당한 미술품의 값어치는 모두 합쳐서 5억 달러(약 6,600억 원)가 넘어요.

그중 하나는 **요하네스 페르메이르**라는 화가의 그림이에요. 오늘날 페르메이르의 그림은 세상에 단 34점밖에 남아 있지 않아요. 그의 작품은 역사상 도둑맞은 작품 중 가장 값비쌀 거예요.

이때 도난당한 작품들은 현재까지 단 한 점도 발견되지 않았어요. 텅 빈 액자는 아직도 미술관에 걸려 있고 그림이 돌아오기를 기다리는 중이에요.

도둑은 누구일까요? 왜 그림 13점만 훔치고 다른 귀중한 예술품은 그대로 두고 갔을까요? 도둑맞은 그림들은 지금 어디에 있는 걸까요?

29 우리가 알고 있는 모든 소수에는…

우리가 모르는 사실이 더 많아요.

수천 년 동안, **소수**는 수학자들의 머리를 아프게 만든 특별한 숫자였어요.

소수는 오직 자기 자신과 1로만 나눌 수 있는 정수예요.

소수 ●   소수가 아닌 수 ○

1 2 3 4 5 6 7 8 9 10
11 12 13 14 15 16 17 18 19 20

수 세기 동안 수학자들은 소수를 수천 개, 수백만 개, 심지어 수십억 개까지 찾았지만…

…그 누구도 모든 소수가 나타내는 규칙을 예측하는 방법을 알아내지 못했어요. 소수에 규칙이 있을지 수학자들은 오랫동안 답을 찾고 있어요.

숫자 1부터 1,140까지 원 안에 나선형으로 배열하고 이중 소수는 분홍색으로 표시했어요.

어떤 규칙도 보이지 않는군요. 하지만 우리는 계속해서 소수의 규칙성을 찾기 위해 다양한 방법으로 연구하고 있어요. 아주 많은 수를 배열하면 규칙이 나타나는 것처럼 소수도 언젠가 규칙을 찾을 수 있을 거예요!

빨리 소수가 나타나는 규칙을 찾아내면 좋겠어요! 분명히 온 세계가 규칙의 발견을 축하할 거예요.

30 소수의 규칙을 알아내면…

범죄가 우르르 일어날지도 몰라요.

현재 모든 소수를 알아낼 수 있는 방법은 없어요. 그래서 신용 카드 회사에서는 소수로 암호를 만들어서 계좌가 해킹되지 않도록 안전하게 보호하고 있지요. 만약 소수가 나타나는 규칙이 발견된다면, 도둑들은 손쉽게 사기 범죄를 일으킬지도 몰라요.

> 은행에서는 신용 카드 번호를 암호로 변환하기 위해 수천 자리나 되는 거대한 소수를 사용해요.

은행에서는 다음과 같은 방법으로 암호를 만들어요. 큰 소수 두 개를 찾아 서로 곱해서 *어마어마하게 큰 수*를 만드는 거예요.

큰 소수 　　　　　 어마어마하게 큰 수

125,243 × 773,251 = 96,844,274,993

이 수는 오직 처음에 곱했던 큰 소수 두 개로만 나눌 수 있어요.

처음 곱한 소수를 알아내는 데는 시간이 아주 *오래* 걸리고, 만약 슈퍼컴퓨터의 도움을 받더라도 소수 수천 자릿수를 곱했다면 답을 알아내는 데 며칠 또는 몇 주가 걸릴 거예요.

> 암호를 풀고 신용 카드를 사용하려면 처음 곱한 소수를 정확히 알아내는 수밖에 없어요.

> 소수 규칙을 아무도 찾지 못하면 좋겠어요. 만약 규칙이 발견된다면 전 세계의 신용 카드가 해킹될지도 모르잖아요!

31 사막에 생긴 이상한 원 때문에…

뜨거운 논쟁이 벌어졌어요.

아프리카의 나미비아에 펼쳐진 건조한 초원에는 여기저기에 둥근 원이 있어요. **요정의 원**이라는 이 신기한 원 안에는 풀 한 포기도 자라지 않지요. 과학자들은 오랫동안 요정의 원이 왜 생기는지 조사했지만 아직도 그 이유는 정확히 밝혀지지 않았어요.

분명 이 원들은 독성이 있는 유포르비아 덤불이 자랐던 곳일 거예요!

말도 안 돼요! 틀림없이 땅속 흰개미들이 풀을 갉아 먹어서 생긴 거라고요.

그럴 리가요! 식물들이 물을 두고 서로 경쟁하다가 생긴 게 확실해요.

32 모자 위에 털실 방울은…

멋으로만 남고 용도는 잊혔어요.

오늘날 우리가 입고, 쓰고, 신는 의복 대부분은 수백 년 동안 이어져 온 복장이에요. 의복 연구가들은 옛날 옷에는 저마다 특정한 기능이 있었을 거라고 생각하고 여러 *가설*을 내세웠지만 아직 정확한 답은 찾지 못했어요.

어떤 사람들은 선원들이 낮은 갑판에 머리가 부딪쳐 다치지 않도록 모자 위에 털실 방울을 달았다고 생각해요.

군인들이 계급이나 소속 부대를 나타내기 위해 모자 방울을 단 것에서 유래했을 거라는 추측도 있지요.

최초의 선글라스는 약 900년 전에 중국 판사들이 사용했을지도 몰라요.

햇볕에 눈을 보호하기 위해서가 아니라 법정에서 판사의 표정을 숨기기 위해서요.

400년 전, 프랑스를 도와 싸우러 온 외국 군인들은 목에 천을 두르고 있었어요. *아마* 신원을 확인하거나 몸을 따뜻하게 하기 위해서였을 거예요.

프랑스 상류층 사람들은 군인들이 목에 천을 두른 모습을 마음에 들어 했고, 지위를 과시하기 위해 넥타이를 차기 시작했어요.

가장 오래된 바지는 중국에서 발견됐어요. 이 바지는 3,000년도 더 전에 만들어진 옷이에요.

아마 이 바지는 양털로 만들었고 말을 타기 좋은 모양으로 특별하게 만들었을 거예요.

33 유령 버섯은 빛을 내요…

이유는 아무도 몰라요.

100종이 넘는 균류가 어둠 속에서 빛을 내요. 이처럼 생물체가 빛을 내는 현상을 **생물 발광**이라고 해요. 생물 대부분은 빛을 내는 명확한 목적이 있지요.

> 우리는 유령 버섯이에요.
> 빛을 내서
> 곤충을 끌어들여요.

> 곤충은 버섯 포자를
> 멀리 퍼뜨려 줘서
> 다른 곳에서도 더 많은 버섯이
> 자랄 수 있도록 도와요.

34 대답할 수 없는 것에 대답하는 것이…

깨달음을 얻는 유일한 길이에요.

선종은 부처가 창시한 종교인 불교의 한 종파예요. 선종은 사람들이 평정과 깨달음을 얻는 것을 도와줘요. 이런 경지에 다다르기 위해서는 수수께끼 같은 말이나 대답할 수 없는 질문을 주고받으며 생각하는 과정을 거치는데, 이를 **선문답**이라고 해요.

우리의 부모가
태어나기 전,
우리의 얼굴은
어떻게 생겼을까?

부처를 만나면
부처를 죽여라.

깃발이 움직이는가?
아니면 바람이 움직이는가?
둘 다 아니다.
움직이는 것은
바로 우리의 마음이다.

하지만 호주에서 자라는 유령 버섯은 곤충을 불러들이지 않아요.

우리한테는 곤충이 오지 않아요.
그러면 우리는 왜 빛을 내는 걸까요?

동물과 곤충에게 우리를
먹지 말라고 경고하기 위해서?

아니면 우리를 잡아먹는 생물을
끌어들이기 위해서?

우리가 왜 빛을 내는지는 아무도 몰라요.
아직 풀리지 않은 수수께끼지요!

부처란 '마 삼근*'이다.
*세 근의 마사로 옷을 지어 입는
모든 이가 부처라는 뜻.

이 선문답은 손에 관한
이야기가 아니에요.
한 손은 나 자신,
다른 손은 세계,
둘이 함께 내는 소리를
삶에 비유한 거지요.

두 손을 마주치면
소리가 난다.
한 손으로는
어떤 소리가 나는가?

만약 나와 세상이
하나가 될 수 있다면,
어떤 소리를 내고,
그러한 삶은 어떤 모습일까요?

선문답에는 특정한 의미나 답이
정해져 있지 않아요. 선종을 따르는
신자들은 선문답 안에 담긴 알 수 없는 것들을
받아들이기 위해 노력하지요.

35 미지의 지적 존재가 숨어 있어요…

먼지 쌓인 집에요.

어떤 생물은 지능을 가지고 있고, 계획을 짜고, 과거를 학습하고, 먼 길을 떠나기 전에 길을 파악할 수 있어요. 게다가 우리와 아주 가까이에 살고, 우리 눈에 띄지 않는 곳에서 많은 일을 하고 있지요.
이 생물은 무엇일까요? 바로 **거미**예요.

거미를 연구하는 과학자들은 거미가 생각보다 훨씬 더 똑똑하다는 사실을 발견했어요. 거미는 한 줄 한 줄 거미줄을 어떻게 엮을지 직접 결정해서 거미집을 만들어요.

거미가 곤충을 잡아먹기 위해 거미집을 만드는데, 이때 만들 수 있는 거미줄의 양을 가늠하고 계획을 세워서 집을 만들어요.

거미는 거미집을 지을 공간을 탐색하고 사물 사이의 거리를 측정할 수 있어요.

거미는 목적지까지 가는 가장 빠른 길을 찾고 머릿속으로 주변의 지도를 그려 보면서 위험을 피해요.

거미는 이전에 곤충을 잡았던 곳이나 다시 곤충이 잡힐 것 같은 곳에 팽팽히 거미줄을 쳐 두어요.

지능이란 문제를 해결하고 경험을 통해 학습하는 능력이에요. 인간을 비롯한 몇몇 동물만이 지능을 가지고 있다고 생각하기 쉽지만, 과학자들은 거미를 보며 생각을 바꾸고 있어요.

아직 우리가 발견하지 못한 많은 지적 존재가 있을지도 몰라요.

36 다비드는 꽉 움켜쥐고 있어요…

절대 보여 주지 않을 비밀을요.

이탈리아 피렌체에는 한 청년의 모습을 조각한 유명한 작품인 **다비드상**이 있어요. 다비드가 무시무시한 거인 골리앗과 싸우러 나가는 모습을 조각한 예술품이지요. 다비드상의 왼손은 가죽끈을 잡고 있고, 오른손은… 무언가를 들고 있어요.

5m 높이의 다비드상은 16세기 초, 조각가 미켈란젤로가 2년에 걸쳐서 한 덩어리의 대리석을 조각해 만들었어요.

다비드상이 왼손에 쥐고 있는 가죽끈은 돌을 던지는 데 쓰던 고대 무기인 **투석구**에요. 다비드는 자기보다 훨씬 강한 상대를 무찌르기 위해 투석구를 사용했어요.

다비드상이 느슨하게 쥐고 있는 오른손 사이를 살펴보면 어떤 물건이 보여요. 과연 무엇일까요?

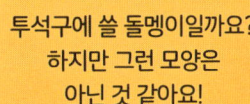

투석구에 쓸 돌멩이일까요? 하지만 그런 모양은 아닌 것 같아요!

아침에 먹다 남은 크루아상 반쪽이 아닐까요?

투석구와 비슷하게 생긴 무기인 '푸스티발'의 부러진 손잡이일 수도 있어요!

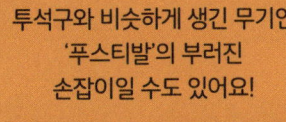

사실 그냥 별거 아닐지도 몰라요!

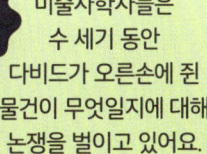

미술사학자들은 수 세기 동안 다비드가 오른손에 쥔 물건이 무엇일지에 대해 논쟁을 벌이고 있어요.

37 지구에서 가장 오래된 나무는…

아무도 모르는 곳에 살고 있어요.

미국 캘리포니아주 화이트마운틴의 산비탈 어딘가에는 세상에서 가장 오래 산 나무 한 그루가 자라고 있어요.

이 나무는 **강털소나무**예요.

강털소나무는 아주 천천히 자라요.

성장 속도가 몹시 느려 지름이 41cm인 작은 강털소나무도 200살은 거뜬히 넘지요.

과학자들은 줄기에서 표본을 채취한 다음 나이테를 세어서 나무의 나이를 알아냈어요. 그리고 이 특별한 나무는 거의 **5,000년** 동안 자라고 있다는 사실을 알아냈지요.

고대 이집트의 피라미드가 지어지기 전부터 살았던 거예요.

이 나무의 가치는 너무나 커서 미국 산림청은 나무의 위치나 사진을 공개하지 않아요. 덕분에 사람들은 나무를 해치거나 나무 서식지를 훼손할 수 없지요. 나무의 안전을 위해 비밀은 철저히 지켜지고 있어요.

38 눈에 보이지 않는 비밀 편지는…

오줌으로 적은 거예요.

오래전 로마 스파이들은 공식 문서에 비밀 편지를 덧붙여서 적을 속였어요.
문서에 비밀 편지가 있다는 사실을 알고 있어야만 내용을 읽을 수 있었지요.

비밀 편지는 오줌으로 적었어요.
오줌은 약간의 산성을 띠어서
종이 색을 변하게 하지만
눈에 보이지 않지요.

종이에 열을 가하면
오줌이 묻은 부분이
갈색으로 바뀌면서
글자가 나타났어요.

39 어느 유명 가수의 악보에…

극비 정보가 담겨 있었어요.

1940년대, 독일군은 프랑스를 점령했어요. 이때 미국의 한 가수 겸 무용수가 자신의 유명세를 이용해
독일군을 상대로 스파이 활동을 벌였고, 이 사실은 철저히 비밀에 부쳐졌지요.

조세핀 베이커는 유럽 곳곳을
돌아다니며 중요한 모임에 초대받았어요.
가는 곳마다 베이커는 프랑스 레지스탕스
(저항운동을 벌인 단체)를 위해
적군인 독일 관리들을 염탐했어요.

전쟁이 끝나고, 베이커는
프랑스 최고의 군사 훈장을
두 개나 받았어요. 그 이후에야
마침내 대범했던 이중생활을
드러낼 수 있었지요.

베이커는 악보를 가지고
다니면서 그 위에 보이지 않는
잉크로 독일군의 위치를 비롯한
비밀 정보를 적었어요.

40 이스터섬 조각상들이 걸어서…

오늘날 서 있는 자리까지 갔다고 생각하기도 해요.

태평양 한복판에는 **이스터섬**(라파누이)이라는 화산섬이 있어요.
이 섬의 해안가에는 단단한 돌에 새긴 거대한 사람의 형상이 서 있지요.
문제는 이 석상이 어떻게 해안가에 세워졌느냐는 거예요.

이 조각상의 이름은 **모아이**예요. 이스터섬에는 900개가 넘는 모아이가 있고, 이 모아이는 500년 이상 전에 만들어졌어요. 어떤 중장비도 없었는데 말이에요.

196번 조각상 옮길 준비 완료!

그렇다면 당시 사람들은 돌을 조각한 채석장에서부터 조각상이 서 있는 해안가까지 조각상을 어떻게 옮겼을까요?

꼼짝도 안 해요!

이 질문에 답이 되는 기록은 남아있지 않아요. 역사학자들은 다양한 가설을 내놓고 있어요.

가설 1. 운반하기?
조각상을 옮길 사람이 굉장히 많아야 했을 거예요.

가설 2. 통나무에 올려놓고 굴리기?
통나무들이 모아이의 무게를 견디고 으스러졌을 거예요.
게다가 이스터섬에는 나무가 많지 않아요.

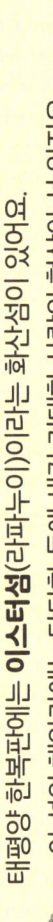

41 신비에 둘러 싸인 기관이…

우리 배 속에 있어요.

의사들이 수천 년 동안 우리 몸을 연구한 결과 현대에는 우리 몸속 거의 모든 기관에 관해 구석구석 알 수 있게 되었어요. 하지만 딱 한 군데, **맹장**은 여전히 수수께끼로 남아 있지요.

기관은 특정한 역할을 하는 우리 몸의 한 부분이에요. 우리 몸에 몇 개의 기관이 있는지는 과학자마다 의견이 다르지만, 대부분의 과학자는 **79개**라고 생각해요. 그중 몇 가지 주요 기관은 다음과 같아요.

맹장은 대장에 붙어 있는 손가락 크기만 한 관이에요.
맹장이 무슨 일을 하는지는 의사들도 아직 밝혀내지 못했어요.
우리 몸에서 맹장을 제거해도 일상생활에는 아무런 지장이 없어요.
맹장은 하는 일이 전혀 없는지는 아직도 수수께끼예요.

42 우주여행에서 살아남기란…

시간과의 싸움이에요.

우리 몸은 지구라는 특정한 환경에 적응하고 움직일 수 있도록 진화했어요.
그래서 우리가 우주로 가면 몸에 여러 가지 문제가 생기기 시작해요.

국제우주정거장에서 일하는 우주 비행사들은 보통 한 번에 6개월 정도를 우주에서 보내요.
우주에 간 첫날부터 우주 비행사들의 몸은 무중력 환경에 놓이고 강력한 우주 방사선에 노출되지요.

6개월의 무중력 환경이 인체에 미치는 영향

- 근육량 최대 **20%** 감소
- 골밀도 최대 **10%** 감소
- 심장 최대 **18g** 수축
- 척추 최대 **5cm** 늘어남
- 다양한 시력 문제 발생

하루 동안 지구에서 받는 방사선량

방사선이 우리 몸에 끼치는 영향
각종 질병이나 시력 문제를 일으키고, 암에 걸리게 하거나 DNA를 손상시키기도 해요.

하루 동안 국제우주정거장에서 받는 방사선량
지구보다 **250배** 더 많아요.

여러 항공우주국들은 미래에 화성으로 갈 계획을 세우고 있어요.
왕복 여행은 약 18개월이 걸릴 거예요…

하루 동안 화성으로 가는 길에 받는 방사선량
지구보다 **700배**나 더 많아요.

…하지만 현재의 기술로는 우주 비행사들이 화성 왕복 여행에서 살아남을 수 없어요.
우주 탐사의 미래는 사람이 우주에서 몇 년을 살 수 있는지,
아직 밝혀지지 않은 위험에도 대처할 수 있는 방법을 찾을 수 있는지에 달려 있어요.

43 가짜로 지어낸 병으로…

많은 생명을 구했어요.

1943년, 로마의 한 병원에 조반니 보로메오라는 의사가 있었어요. 보로메오의 기록에 따르면, 한 병동에는 **K 증후군**을 앓는 환자들이 가득 수용되어 있었지요. K 증후군은 이전에는 알려지지 않은 새로운 전염병이었어요.

당시 유럽은 제2차 세계 대전이 한창이었어요. 독일 나치의 지도자인 아돌프 히틀러는 독일과 유럽 곳곳에서 유대인들을 잡아가고 있었어요.

보로메오는 나치로부터 도망친 유대인들을 받아 주고…

…유대인들에게 격리 병동에 있는 침대를 내어 주었지요.

위험 출입 금지

주의: 전염성 강함 마비와 기형 유발

격리 병동

나는 모든 의료 기록에 유대인이 K 증후군을 앓고 있다고 적었어요.

히틀러의 병사들이 유대인을 찾으러 병원으로 들이닥쳤을 때, 보로메오는 병동을 수색해도 좋다고 했지만…

…병사들은 전염병에 걸릴까 봐 무서워서 수색을 포기하고 돌아갔어요.

보로메오는 1945년 전쟁이 끝날 때까지 가짜 격리 병동을 운영했고, 수많은 유대인이 목숨을 구할 수 있었어요. 역사학자들은 보로메오가 적어도 수백 명의 생명을 구했을 것이라고 생각하지요. 나치는 전쟁이 끝날 때까지 K 증후군이 가짜 병이라는 사실을 알아차리지 못했어요.

44 지금의 태양계 모습은…

사라진 행성 때문일지도 몰라요.

천문학자들은 어떻게 행성 여덟 개가 지금처럼 태양 주위를 돌게 되었는지 설명하기 위해 오랜 시간 연구했어요. 행성들은 모두 태양 가까이에서 생겨났지만, 무언가 때문에 우주 공간으로 더 멀리 흩어지게 되었지요.

수성

금성

천문학자들은 한때 태양계에 아홉 번째 행성이 있었는데, 어떤 사건과 함께 사라져버린 것이 아닌가 생각하기도 해요.

지구

화성

이 행성은 다른 행성들과 함께 태양 가까이에서 궤도를 따라 돌고 있었어요. 그러다가 어느 순간, 목성과 너무 가까워졌지요.

목성

목성의 강력한 중력 때문에 이 행성은 궤도에서 벗어났어요. 별의 질량과 가속도가 행성의 궤도에 영향을 주며 다른 행성들이 흩어지고…

토성

…이름 없는 행성은 태양계 밖으로 내동댕이쳐졌어요.

이름 없는 행성은 특정한 별 주위를 돌지 않고 우주를 자유롭게 돌아다니는 **떠돌이 행성**이 되었어요.

천왕성

천문학자들은 수십억 년 전에는 사라진 행성이 태양계의 중심에 있었을지도 모른다고 해요. 하지만 이 행성은 이제 그 누구도 볼 수 없을 거예요.

해왕성

55

45 미라 왕의 사망 사건은…

절대 해결되지 않을지도 몰라요.

1922년, 고고학자들은 고대 이집트 왕의 숨겨진 무덤을 발견했어요.
그리고 이 젊은 왕은 왜 죽었는지, 누군가 죽인 것인지 의문을 가졌어요.

중요한 증거

 투탕카멘의 무덤은 통치자의 무덤치고 아주 작았다. 원래 다른 사람의 무덤이었던 것은 아닐까?

 투탕카멘의 관은 비좁았고 새것이 아니었다.

 벽화의 물감이 채 마르기 전에 무덤을 닫은 흔적이 있다.

죽은 사람

이름: 투탕카멘
직업: 파라오(왕)
나이: 19세
사망: 기원전 1324년
사망 원인:
알 수 없음

증거로 알 수 있는 것

1

투탕카멘은 갑작스럽고 예상치 못한 죽음을 맞이한 것이 틀림없다. 파라오가 죽으면 대부분 호화스러운 장례를 치렀는데 투탕카멘의 장례는 서둘러 진행되었다.

2

죽었을 당시에 무릎과 허벅지 뼈가 심하게 부러져 있었다.

왜 죽었을까?

전문가들은 한 세기에 걸쳐 증거를 조사한 뒤, 세 가지 가설을 세웠다.

3

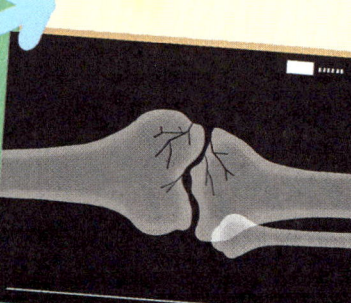

투탕카멘은 한쪽 발이 기형이어서 생활이 힘들었을 것이다.

의학 검사 결과, 투탕카멘의 혈액은 말라리아 병원균에 감염되어 있었다. 또한 투탕카멘은 뼈 질환이 있었고 뇌전증을 앓았던 것으로 추측된다.

질병으로 죽었다?

투탕카멘은 이 중 하나 이상의 질병을 앓다가 급속히 몸이 약해져 죽었거나…

투탕카멘의 무덤에는 지팡이 130개가 들어 있었다.

…갑작스러운 뇌전증 발작으로 넘어져 크게 다쳤을 것이다. 이때 뼈가 부러진 탓에 감염으로 사망했을지도 모른다.

투탕카멘이 말을 타거나 사냥하는 그림이 많이 남아 있다.

사고로 죽었다?

투탕카멘은 전차를 타다가 충돌 사고로 죽었거나, 하마를 사냥하다가 공격당해 사망했을 것이다.

무덤에서 전차 6대가 발견되었다.

투탕카멘의 미라에는 이상하게도 심장이 없다.

누군가에게 살해당했다?

투탕카멘의 뒤를 이은 왕은 '아이'라는 남자로, 투탕카멘의 신임을 받았던 대재상이었다.

신하의 배신이 낳은 살인 사건이었던 것은 아닐까?

투탕카멘의 뒤를 이은 왕은 왕실 기록에서 투탕카멘의 이름을 지워 버렸다.

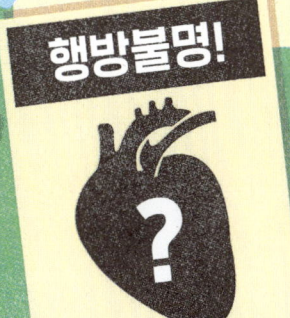
행방불명!

46 유니콘은 실제로 있었어요…

1748년까지요.

1735년, 스웨덴의 생물학자인 칼 린네는 『**자연의 체계**』라는 책을 펴냈어요.
이 책은 모든 생물을 체계적으로 분류하는 기준을 제시한 최초의 책이지요.
이러한 분류는 자연을 과학적으로 이해할 수 있도록 사람들의 생각을 바꿔 주었어요.
그런데 이 책의 초판본에는 뜻밖의 생물들도 실려 있었어요.

린네는 생물들의 생김새와 습성에 따라 생물을 여러 집단으로 분류했어요.

이 책의 초판본에는 '역설'이라는 뜻의 **파라독사**라는 집단이 있었어요. 여기에는 린네가 실제로 본 적은 없지만 이야기를 들어 본 신비로운 생물들이 실려 있었지요. 말을 닮았고 뿔이 달린 동물인 유니콘도 파라독사에 속했어요.

그림 2

그림 1

그림 3

그림 4

파라독사
그림1. 외뿔소 또는 유니콘   그림3. 용
그림2. 불사조   그림4. 히드라

린네는 완벽한 생물 목록을 만들고 싶어 했고, 탐험가의 그림과 이야기를 바탕으로 한 신비한 생물들까지 책에 실었어요. 이후 수년에 걸쳐 과학자들은 더 넓은 세상을 탐사하며 세계 곳곳의 야생 동물들을 더 많이 발견했어요. 하지만 파라독사에 속한 생물들이 실제로 존재한다는 증거는 찾지 못했지요. 결국 1748년, 『자연의 체계』 6쇄 본에서 유니콘과 파라독사에 대한 내용은 삭제되었어요.

47 불꽃을 피워 추모해요…

이름 없이 떠난 군인들을요.

매일 밤, 파리에 어둠이 내릴 무렵이면 하나의 횃불이 켜져요.
이 횃불 아래에는 신원을 알 수 없는 한 프랑스 군인의 유해가 있어요.
이 횃불은 무명용사의 무덤인 **무명용사비**예요.

50개가 넘는 나라들에 무명용사비가 있어요.

최초의 무명용사비는 1500년대 한국에서 세워진 것으로 알려져 있어요.

세르비아의 무명용사비는 산 정상에 세워졌어요.

짐바브웨의 수도 하라레에 있는 거대한 무명용사탑 꼭대기에서는 매일 불꽃이 타올라서 인근의 거의 모든 도시에서 이 불꽃을 볼 수 있어요.

미국 알링턴에 있는 묘지 아래에는 숙소가 있어요. 경비원들은 한 번에 몇 달간 숙소에서 지내며 무명용사비를 지켜요.

이곳에는 보통 신원이 밝혀지지 않은 병사 중에서 무작위로 뽑힌 누군가의 시신이 묻혀 있어요. 이름 없이 사망한 모든 군인을 대표하는 거예요.

48 비밀 문자를 보낼 수 있어요…

아무도 모르게요.

문자나 숫자를 뒤섞거나 나열해 만든 비밀 문자를 보낸다면 암호를 풀고자 하는 많은 사람의 주목을 받게 될 거예요. 그렇다면 그냥… 빤히 보이는 곳에 내용을 숨기면 어떨까요?

안녕! 내가 비밀 문자 보내 줄까?

오, 좋아. 한번 보여 줘!

우아, 정말 귀엽다!!

그냥 고양이 그림이잖아! 비밀 문자가 어디 있어?

이건 **스테가노그래피**야.

그게 뭔데?

비밀 정보를 일반적인 사진이나 컴퓨터 파일에 숨기는 기술이야.
비밀 정보가 들어 있다는 걸 알고 파일을 주고받는 사람들만 내용을 알 수 있지.

이 고양이 그림에 비밀 문자가 숨겨져 있다고?

응, 그림 속에 글을 숨기는 건 정말 쉬워.

디지털 이미지는 **픽셀**이라는 점들로 이루어져 있어. 컴퓨터 프로그램을 사용해서 비밀 문자를 쓰면 이미지에서 특정 픽셀의 색을 살짝 바꿀 수 있지.

아주 사소한 차이기 때문에 사람들은 알아채지 못하지만… 컴퓨터는 알 수 있어.

적절한 컴퓨터 프로그램을 사용하면 특정 픽셀의 색을 글자로 바꿀 수 있고 숨겨진 글을 읽을 수 있는 거야.

자, 바뀐 픽셀이 어디 있는지 알려 줄게.

이 메시지를 지켜보는 사람들은 모두 이미지를 볼 수 있지만, 프로그램으로 비밀 정보를 풀어야 한다는 건 *받는 사람만* 아는 사실이야.

음… 내가 한번 풀어 볼게.

어떤 문자가 나왔어! 이거 맞아?

'I LOVE CATS'라는 암호였구나!

내가 이럴 줄 알았어! 큰 비밀이 숨겨진 게 아니었잖아.

49 고작 네 권의 책만 남았어요…

고대 마야 도서관에는요.

마야 사람들은 2,000년 넘게 중앙아메리카 지역을 다스리며 살았어요.
도로와 도시, 천문대를 짓고, 수천 권의 책을 썼지요.
그러던 1517년, 스페인에서 침략자들이 쳐들어왔어요.

스페인 사람들은 마야의 도시들을
정복하고 지배했어요. 또 마야 사람들에게
스페인의 국교인 가톨릭으로
개종할 것을 강요했어요.

또한 마야 사람들의 믿음과 전통을
짓밟기 위해 스페인 성직자들은
마야에 있던 책을 모두 불태웠어요.

마야 사람들이 역사와 천문학, 신화에 관한
책을 썼다는 사실은 알려져 있지만
시를 썼는지, 재미있는 농담을 했는지,
수수께끼의 살인 사건을 다룬
추리 소설을 썼는지…

…자세한 내용은 남아 있지 않아요.
오늘날, 마야의 책들은
겨우 네 권만 남아 있어요.

50 비밀 글자는…

여성의 목소리가 되어 주었어요.

중국 후난성의 한 작은 마을에 사는 여성들은 수백 년 동안 **누슈**를 사용해 의사소통해 왔어요. 누슈는 오직 여자에게만 가르쳐서 남자는 읽을 수 없는 암호였지요.

누슈는 잉크와 종이 대신 천에 수를 놓아 썼어요. 여성들은 손수건과 목도리, 부채에 글자를 수놓아 서로 암호를 주고받았지요.

1950년대까지만 해도 많은 여성은 집 밖에서 외부 활동을 하는 것이 허락되지 않았고 읽고 쓰는 것도 배울 수 없었어요.

그래서 여성들은 몰래 이야기를 전하기 위해 누슈를 만들었고, 어머니가 딸들에게 누슈 수놓는 법을 알려 주며 이어져 내려왔어요.

여성들은 결혼을 해 옆 마을로 이사를 가서 떨어져 살게 되더라도 누슈로 소식을 전하며 끈끈한 관계를 이어갔어요.

알려진 글자 체계들 중에서 누슈는 세계에서 유일하게 여성들이 만들고 사용한 글자 체계예요.

51 비밀 일기장은…

역사에 가려진 삶을 드러내 주어요.

책에 기록된 많은 역사는 공적인 사건과 권력자들의 이야기를 주로 다뤄요. 당시에 힘이 없던 사람들, 중요하지 않은 존재로 여겨진 사람들의 이야기는 훨씬 연구하기 어렵고 알려지지 않은 채로 남아 있어요.

그러나 다행히 이들이 쓴 일기가 대신 목소리를 내 주기도 해요.

내 이름은 **안네 프랑크**예요. 내가 아직 어린아이였을 때, 제2차 세계 대전이 벌어졌어요. 나치 독일의 지도자인 히틀러가 대부분의 유럽 국가와 세계를 상대로 벌인 전쟁이지요.

히틀러의 군대는 유럽 곳곳에서 유대인을 잡아 가두었어요. 나와 우리 가족도 유대인이었지요.

우리는 암스테르담에 있는 어느 다락방에 숨어서 지냈어요. 나는 전쟁이 일어나는 동안 거의 매일 일기를 썼어요.

나는 우리가 겪은 모든 일을 기록했어요. 누군가가 내 일기를 읽을 거라고는 전혀 예상하지 못했답니다. 나는 내 생각과 감정, 경험한 모든 일을 일기에 썼어요.

안네 프랑크
1929년 독일 프랑크푸르트에서 태어났어요.
1944년 안네와 가족들은 나치에게 발각되어 수용소로 잡혀가고 말았지요.
안네는 수용소에 갇혀 끔찍한 환경에서 지내다 결국 열다섯 살에 세상을 떠났어요.
나치가 죽인 유대인은 약 600만 명으로, 이는 유럽에 사는 전체 유대인의 3분의 2에 해당해요.
많은 유대인의 이야기와 사연이 사라져 버렸기 때문에 안네의 일기는 더욱 주목받고 있어요.

내 이름은 **애덤 플러머**예요. 나는 미국에서 살았지요. 내가 살던 시대에는 백인이 흑인을 사 와서 노예로 부렸어요.

내 부모님은 노예였어요. 나는 어린 시절 주인의 농장에서 일하고 신발을 만들었지요.

농장에서 일하던 노예들은 대부분 읽고 쓸 줄 몰랐고 어떤 교육도 받을 수 없었어요. 하지만 나는 남몰래 글을 배웠어요.

나는 평생 동안 몰래 일기를 써서 노예로 살아가는 삶을 기록했지요.

애덤 플러머
1819년 미국 메릴랜드주에서 태어났어요.

애덤 플러머의 일기는 2003년이 되어서야 발견되었어요. 이 일기가 쓰여진 지 거의 200년이 지난 뒤였지요. 이 일기는 세상에 몇 안 남은 노예의 일기 중 하나랍니다.

내 이름은 **앤 리스터**예요. 나는 부유한 가정에서 태어났지만, 내가 살던 시대에는 여성에게 권리나 권력이 거의 없었어요.

나는 30년 동안 400만 단어 분량의 긴 일기를 썼어요. 내가 받은 교육의 내용부터 사업 운영에 이르기까지, 평범하지 않았던 나의 모든 삶을 자세하게 적었지요.

앤 리스터
1791년 잉글랜드 요크셔에서 태어났어요.

나는 일기에 내가 여성과 사랑에 빠져 결혼한 내용도 적었어요. 내 이야기 중에 사람들이 충격적이라고 생각할 만한 부분은 암호로 적어 두었지요.

앤의 일기는 앤이 살았던 집의 나무 벽 안에서 발견되었고, 1980년대에 한 역사학자가 일기의 암호를 해독했어요. 그 당시 살았던 여성들의 이야기를 담은 기록은 거의 없었기 때문에 앤의 일기를 통해 당대 여성들의 이야기를 알아낼 수 있게 되었어요.

52 황제의 귓불에는…

고대에는 찾지 못한 단서가 있어요.

138년 로마 황제 하드리아누스는 62세의 나이로 갑자기 죽었어요.
하드리아누스의 사망 원인은 거의 2,000년 동안 수수께끼로 남아 있었지요.
1980년, 어느 미국인 의사가 박물관에서 무언가를 발견하기 전까지 말이에요.

의사는 하드리아누스의 얼굴을 새긴 고대 조각상을 살펴보다가 귓불에 사선으로 난 주름을 발견했어요. 오늘날 의사들은 이 주름을 **프랭크 징후**라고 불러요.

프랭크 징후를 가지고 있는 사람들은 심장 관련 질환을 앓고 있을 가능성이 매우 높아요.

현대 의사들은 프랭크 징후를 가진 환자를 어떻게 치료해야 하는지 알고 있지만, 로마 의사들은 귓불 주름의 의미를 알지 못했을 거예요.

로마 황제
**카이사르 트라야누스
하드리아누스**
76-138년

하드리아누스의 초상화에도 귓불 주름이 그려져 있어요.
이를 통해 하드리아누스에게 프랭크 징후가 있었을 것이라는 걸 알아낼 수 있고,
하드리아누스의 사망 원인도 짐작해 볼 수 있지요.

53 빨간색과 보라색 너머는…

인간이 볼 수 없는 세상이에요.

우리 눈으로는 빛에서 빨간색부터 보라색까지의 빛띠(스펙트럼)를 볼 수 있어요. 이것을 **가시광선**이라고 해요. 하지만 빛에는 우리 눈으로 볼 수 없는 영역이 더 많아요. **적외선**과 **자외선**은 우리 눈에 보이지 않지만, 어떤 생물들은 볼 수 있어요.

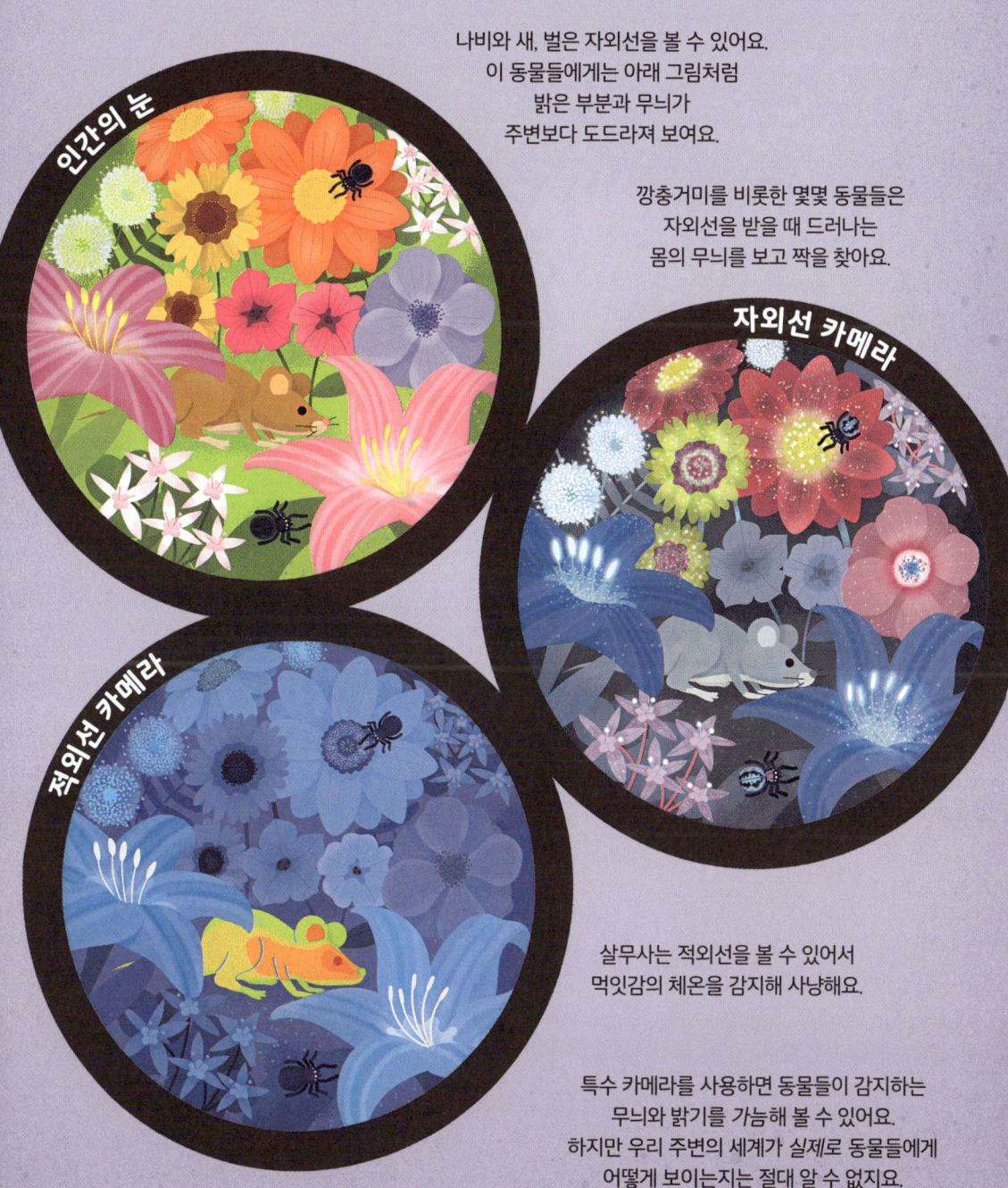

나비와 새, 벌은 자외선을 볼 수 있어요. 이 동물들에게는 아래 그림처럼 밝은 부분과 무늬가 주변보다 도드라져 보여요.

깡충거미를 비롯한 몇몇 동물들은 자외선을 받을 때 드러나는 몸의 무늬를 보고 짝을 찾아요.

살무사는 적외선을 볼 수 있어서 먹잇감의 체온을 감지해 사냥해요.

특수 카메라를 사용하면 동물들이 감지하는 무늬와 밝기를 가늠해 볼 수 있어요. 하지만 우리 주변의 세계가 실제로 동물들에게 어떻게 보이는지는 절대 알 수 없지요.

54 어떤 무한은 훨씬 더 길어요…

다른 무한보다요.

무한은 끝없이 영원히 셀 수 있는 경우를 말해요. 하지만 무한에도 여러 종류가 있어요. 모든 무한은 *영원히 계속 이어지지만*, 서로 길이가 달라 보이기도 해요.

예를 들어서, 아래처럼 모든 양수를 1부터 무한까지 쭉 적어 내려간다고 생각해 보세요. 엄청나게 길어질 거예요.

하지만 양수와 음수를 함께 적어 넣는다면, 이론적으로 숫자 목록의 길이는 두 배 더 늘어날 거예요.

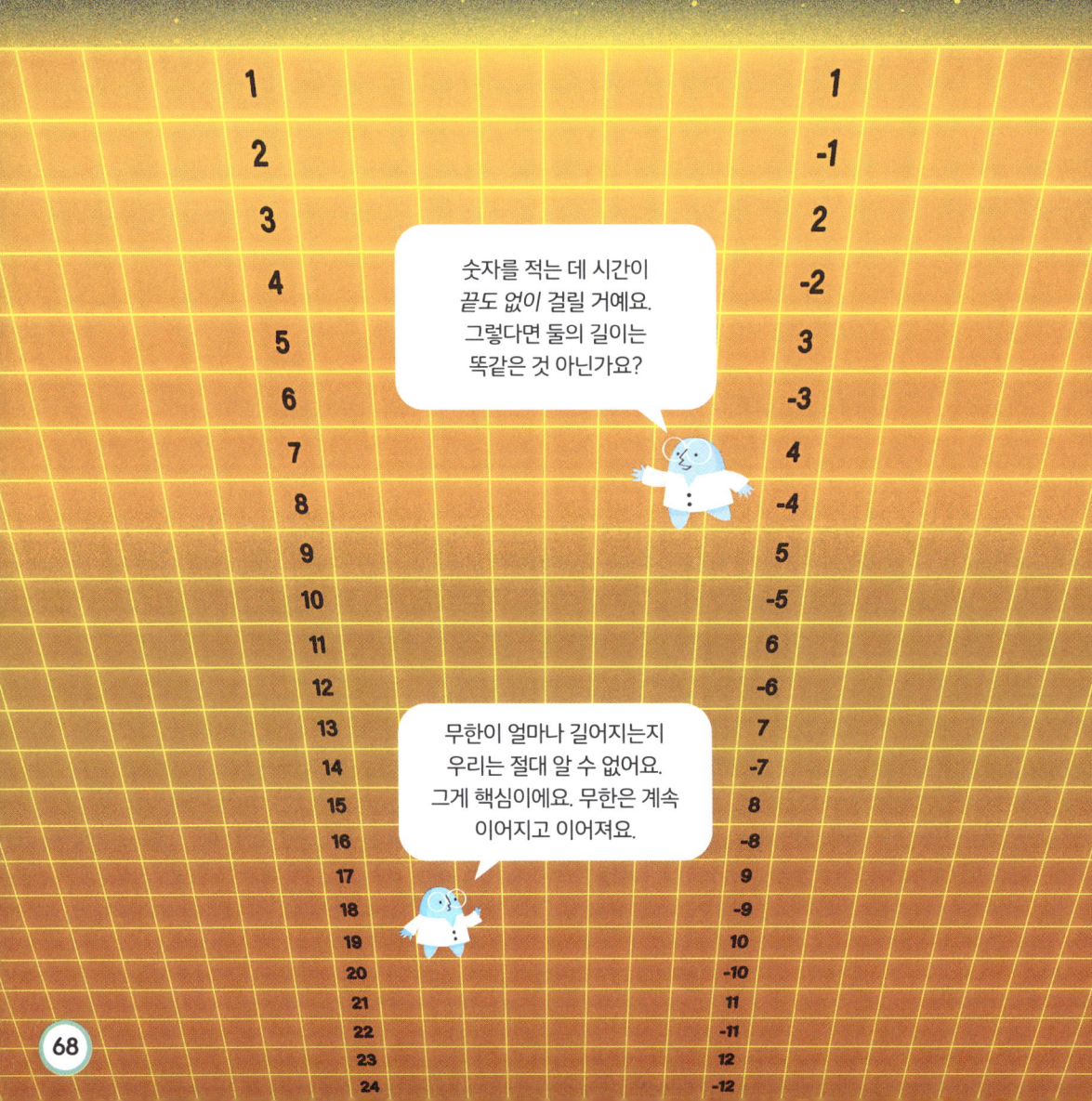

숫자를 적는 데 시간이 끝도 없이 걸릴 거예요. 그렇다면 둘의 길이는 똑같은 것 아닌가요?

무한이 얼마나 길어지는지 우리는 절대 알 수 없어요. 그게 핵심이에요. 무한은 계속 이어지고 이어져요.

55 지도 제작자들은 깜짝 놀랐어요…

중세의 항해도 때문에요.

1200년대 이전에 지도는 장식용이었고 항해에 사용할 수 없었어요. 그러다 누군가가 놀라울 정도로 자세한 지중해의 항해도를 만들었지요. 이 지도가 어찌나 정확한지, 오늘날의 지도 제작자들도 만든 방법을 알 수 없을 정도예요.

이렇게 생긴 지도를 **포르톨라노 해도**라고 해요. 지도 위의 여러 지점에서부터 뻗어나간 선들이 서로 교차하고, 선들이 만든 연결망은 격자무늬를 이루어요.

선들은 각각 바람의 방향을 나타내요. 이 방향들은 훗날 방위(나침반 방향)들인 것으로 알려졌어요.

선원들은 지도에 그려진 선들을 보며 두 항구 사이의 거리와 방향을 판단할 수 있었어요. 이전에 만들어진 지도로는 하지 못했던 일이에요.

이처럼 정확한 지도를 만들기 위해서는 바다와 바람, 해안가, 해류에 관한 엄청난 지식이 필요했을 거예요.

하지만 최초로 해도를 만든 사람이 알 수 있는 정보는 오래된 항해 기록과 선원이 들려준 이야기가 전부였을 거예요. 당시에는 카메라도, 위성도, 컴퓨터도 없었으니까요.

오늘날 지도 제작자들은 13세기의 지도 제작자들이 어떻게 그토록 정확한 지도를 만들었는지 알고 싶어 해요. 포르톨라노 해도를 둘러싼 수많은 궁금증은 여전히 풀리지 않은 채로 남아 있어요.

56 떠다니는 불빛은…

보기보다 신비롭지 않아요.

수백 년 동안, 늪지와 습지 위에 떠다니는 이상하고 희미한 불빛에 관한 이야기는 세계 곳곳에 전해 내려왔어요. 그 불빛들은 마치 살아있는 것처럼 떠다니고 사람들을 울창한 숲과 위험한 늪으로 꾀어냈지요.

이 골칫거리 생물의 이름은 지역마다 달라요. 늪지가 있는 지역에서는 대부분 늪지 이름을 따서 이름 지었어요.

윌 오 더 위스프
영국

힝키펑크
영국

이그니스 파투스
(라틴어로 '속이는 등불'이라는 뜻)

아르니발키아
핀란드

민민
호주

알레야
인도 서벵골주

스펑키
스코틀랜드

치어 바티
인도

루즈 말라
(악마의 불빛)
아르헨티나와 우루과이

푸 폴릿
(습지의 불)
미국, 루이지애나주

드왈리호트
(방랑하는 불빛)
네덜란드

루세스 델 테소로
(보물의 불빛)
멕시코

과학자들은 깜박이는 불빛이
살아있는 생물이 아니라
화학 반응이 만들어 낸 현상이라는
사실을 밝혀냈어요.

늪지대는 습하기 때문에
식물이 물속에서 썩기도 하는데
이때 식물이 썩으며 메탄이나 포스핀,
디포스핀 등 여러 기체가 발생해요.

이 기체들이 공기 중에서
산소와 반응을 일으키면
불이 붙어서 빛이 나고
마치 작은 불꽃 덩어리가
떠다니는 것처럼 보여요.

왜 이런 현상이 일어나는지 밝혀졌어도,
여전히 많은 사람들이 신비로운 풍경을 보러 오기 때문에
이 현상이 자주 나타나는 곳은 관광 명소가 되기도 해요.

57 박물관에는 전시한 보물보다…

숨겨둔 보물이 더 많아요.

박물관과 미술관은 단지 유물을 전시하는 곳만은 아니에요. 귀중하고 가치 있거나 흥미로운 물건들을 보관·보존하고, 연구하는 곳이지요. 박물관이나 미술관에서 소장하고 있는 유물들은 그 수가 어마어마해서, 그중 아주 일부만 전시하고 있어요.

영국 런던에 있는 **대영 박물관**에 소장되어 있는 유물은 **800만 점**에 달하고, 한 해에 대영 박물관을 찾는 관람객은 **600만 명**이나 돼요.

하지만 공개적으로 전시되는 것은 전체 소장품의 **1% 정도**뿐이에요.

대영 박물관의 소장품 중 나머지 **74%**는 깊은 창고에 보관되어 있어요.

전시하지 않는 소장품 중 일부는 온라인으로 볼 수 있지만…

…다른 소장품들은 수십 년 동안 볼 수 없을지도 몰라요.

이 수치는 전 세계의 주요 박물관과 미술관마다 비슷해요.

파리에 있는 **루브르 박물관**은 가지고 있는 방대한 양의 소장품 중 약 **8%**를 전시하고 있어요.

그 밖에 **25%**는 연구에 사용되고 있어요.

상트페테르부르크에 있는 **에르미타주 미술관**은 소장품 약 **5%**를 전시하고,

워싱턴에 있는 **스미스소니언 협회**는 소장품 **1%**를 전시하고 있지요.

어떤 박물관은 매우 오래되었고 보관 중인 유물이 너무 많아서, 소장품 목록을 완성하지도 못했어요.

세계에서 가장 깊은 창고에 숨어 있는 보물들이 언젠가 다시 발견되기를 기다리고 있을지도 몰라요!

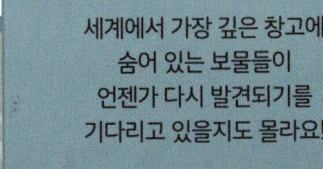

58 오늘날 그 누구도…

이 내용을 읽을 수 없어요.

1999년, 멕시코의 한 도로에서 작업하던 일꾼들이 62개의 기호가 새겨진 고대 돌판을 파냈어요. 어떤 기호는 식물과 동물을 닮았고 어떤 기호는 이해할 수조차 없었지요.
지금까지 아무도 이 돌판의 의미를 해독하지 못했고, 영원히 밝혀지지 않을지도 몰라요.

3,000년 전 고대 올멕 문명 사람들이 만든 이 돌판은 **카스카잘 블록**이에요.

이 기호들은 아메리카에서 발견된 문자 중 가장 오래된 것으로 추측돼요. 대부분의 문자처럼 한 줄로 나란히 쓰여 있고 단어 몇 개가 반복되는 것으로 보아 문자의 특성을 가졌다고 여겨져요.

올멕 문명의 다른 유물에서도 비슷한 기호들이 발견되었지만 무슨 뜻인지는 밝혀지지 않았어요.

59 숨겨진 생물을 발견하려다…

오히려 생명을 위험하게 만들 수 있어요.

과학자들은 남극 얼음 아래 있는 호수에 다다르기 위해 구멍을 파고 있어요. 하지만 꼭 *해야만* 하는 일인지에 대해서는 의견이 분분해요.

남극 동부에 두께가 4km에 달하는 얼음판 밑에는 **보스토크호**라는 거대한 지하 호수가 있어요. 세계에서 가장 큰 호수 중 하나지요.

보스토크호는 약 **1,500만 년** 동안 얼음에 갇혀 있었어요. 보스토크호에는 지구에서 볼 수 있는 생명체와는 전혀 다른 생명체가 살고 있을지도 몰라요.

과학자들은 인공위성과 레이더를 사용해 보스토크호를 연구했고 생명체를 찾기 위해서 얼음에 구멍을 뚫고 표본을 수집하려 해요.

하지만 이렇게 두꺼운 얼음을 뚫고 들어가는 것은 무척 어려워요. 구멍을 뚫는 동안 구멍이 얼어서 다시 막히지 않도록 독한 화학 물질을 사용하지요.

얼음으로 스며든 화학 물질은 보스토크호의 물에 섞여 들어갈 수도 있어요. 그러면 호수에 사는 모든 생물이 위험에 빠질 수 있지요.

1998년에 처음으로 보스토크호의 표본을 얻기 위해서 얼음을 뚫기 시작했지만, 지금도 과학자들은 호수의 비밀을 밝히기 위해 이러한 위험을 무릅쓸 가치가 있는지 논쟁을 벌이고 있어요. 지식을 찾아 나서는 과정에서 어떤 질문들은 답을 밝혀내지 않고 덮어 두는 편이 더 나을까요?

60 거의 100년이 걸렸어요…

과학자들이 오리너구리의 존재를 믿기까지요.

1789년 유럽의 과학자들은 박제*된 오리너구리를 처음 보았어요. 그 모습이 너무나 기이하고 이상해서 과학자들은 누군가 여러 동물의 다양한 부위를 꿰매어 정교하게 만든 물건이 틀림없다고 생각했지요.

*박제: 동물의 가죽을 벗기고 썩지 않게 한 뒤에 솜 등을 넣어 살아 있을 때와 같은 모양으로 만드는 것.

야생 오리너구리는 호주에서만 사는데, 호주는 당시 대부분의 유럽 과학자에게 생소한 지역이었어요.

그래서 과학자들은 영국에 도착한 박제 오리너구리를 보고 깜짝 놀랐어요. 눈앞에 마주한 동물의 모습은 아래 그림과 같았지요.

오리주둥이처럼 생긴 입

수달처럼 날렵하고 털로 덮인 몸

비버처럼 넓고 평평한 꼬리

백조처럼 물갈퀴가 달린 발

말벌처럼 독이 있는 뾰족한 가시

탐험가들의 기록에는 오리너구리는 **도마뱀**처럼 알을 낳는다고 적혀 있었어요. 이 모든 것이 사실이라고 하기에는 터무니없어 보였지요.

물론 호주의 원주민들은 오리너구리의 존재를 알고 있었어요. 하지만 유럽 과학자들은 원주민이 오리너구리에 대해 아는 만큼 알아내기까지 오랜 시간이 걸렸어요. 오리너구리가 실제로 존재한다는 사실을 인정하기까지 한 세기 동안이나 연구와 논쟁이 계속되었지요.

61 『에드윈 드루드의 비밀』은…

끝나지 않았고, 앞으로도 풀 수 없을 거예요.

영국의 작가 찰스 디킨스가 남긴 마지막 소설에는 '에드윈 드루드'라는 한 젊은이가 폭풍우치는 어두운 밤에 갑자기 사라지며 펼쳐지는 이야기가 담겨 있어요.

디킨스는 한 번에 몇 부씩, 내용을 조금씩 나누어 출판했어요. 그래서 독자들은 디킨스가 소설을 완결하기 전 이야기를 절반 정도만 읽은 상태였지요.

『에드윈 드루드의 비밀』은 12부작으로 연재될 예정이었어요. 하지만 1870년, 디킨스는 6부까지밖에 쓰지 못한 채 병에 걸려 죽고 말았어요.

디킨스는 이야기를 어떻게 끝맺을지 어떤 기록도 남기지 않았어요. 그래서 독자들은 시간이 흘러도 소설의 결말을 알 수 없게 되었지요.

책 뒷부분은 없나요?

사악한 삼촌인 재스퍼가 에드윈을 죽인 범인일까요?

전 약혼녀인 로사 버드는 어떻게 되는 거예요?

제5부에 등장한 수수께끼의 이방인은 누굴까요?

책 속에 등장하는 고대 성당 아래 구덩이에는 뭐가 있을까요?

의문이 많이 남아 있지만, 에드윈 드루드의 진짜 운명은 영원히 알 수 없을 거예요.

62 거대한 제국이…

밀림 속으로 사라져 버렸어요.

크메르 제국은 600년 넘는 시간 동안 대부분의 동남아시아 지역을 통치했어요. 제국이 전성기를 누릴 때의 수도인 **앙코르**는 세계에서 가장 큰 도시였지요. 그러나 1431년 이후, 제국의 기록은 그대로 멈춰 버렸어요.

수 세기가 흐르는 동안 제국은 밀림으로 덮였고, 사람들에게 잊혔어요. 남은 것은 **캄보디아**의 **앙코르와트** 사원 같은 웅장한 건축물 몇 개뿐이었지요.

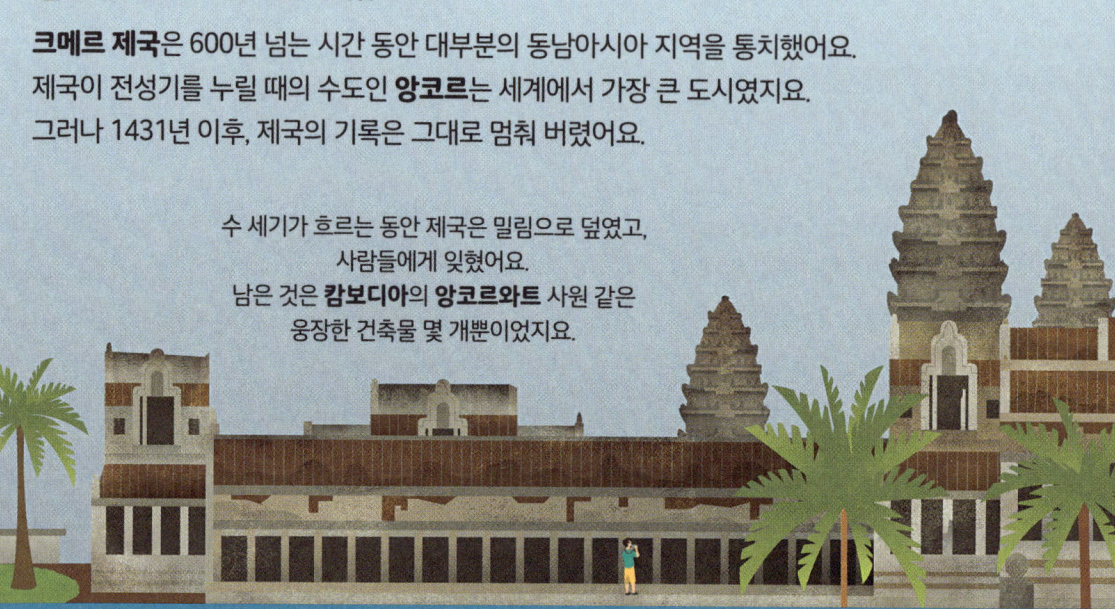

3. 인구가 너무 많았을 것이다.
앙코르 제국의 수도 앙코르에는 무려 100만 명 가까이 살았어요. 가뭄이 계속되자 사람들이 너무 많아 먹을거리가 부족해졌고, 사람들은 결국 도시를 떠났을지도 몰라요.

4. 전쟁으로 멸망했다.
1431년 크메르 제국의 마지막 기록에는 태국의 아유타야 왕국이 침략해 왔다고 쓰여 있어요. 앙코르는 공격을 받고 파괴되었으며, 왕족들은 도시를 떠나 달아났다고 말이죠.

2015년, 고고학자들이 새로운 레이저 탐지 도구를 갖춘
헬리콥터를 타고 밀림 위를 날던 중 거대한 도로 체계와
1,200제곱킬로미터에 이르는 긴 운하를 발견했어요.

나뭇잎과 덩굴 아래 감춰져 있었던 앙코르의 나머지 부분들이 드러난 거예요.
그 크기는 오늘날 로스앤젤레스와 비슷했어요.

그렇다면 한때 번창했던 수도는
왜 폐허가 되었을까요?

1. 기후 때문이다.

수많은 과학자들이 캄보디아에서 자라는 고대 나무들을 연구하면서 시원하고 습한 기후에서 자랐는지 아니면 덥고 건조한 기후에서 자랐는지를 밝혀냈어요. 14세기 동안 해마다 기온이 높아지는 건조한 기후였어요. 이를 통해 사람들이 채소와 곡식을 기르기가 어려워지고 기근으로 멸망했을 것이라 생각해요.

2. 지나친 정착 때문이다.

기상학자들은 몇 가지 지수지에서 얻은 물 표본을 연구하면서 수 세기에 걸쳐 정착지의 대부분이 해체되고 나무뿌리로 엉망이 되었다는 것을 알게 되었어요. 아마도 운하의 파편과 흙이 유출돼 말라붙었기 때문일 거예요.

말라붙은 운하 문제도 있어요.

63 400만 개의 조개껍데기가…

신비한 지하 동굴에 장식되어 있어요.

1835년, 조슈아 뉴러브와 조슈아의 아버지는 영국 마게이트에 있는 정원에서 연못을 파다가 조개껍데기로 꾸며진 비밀 동굴을 발견했어요. 이 동굴은 얼마 지나지 않아 관광 명소가 되었지만 아직도 누가, 언제, 왜 그 동굴을 만들었는지는 몰라요.

이런 동굴을 만드는 일은 통로를 파고 조개껍데기를 옮겨 와야 했기 때문에 많은 사람이 필요한 데다가 무척 고된 작업이었을 거예요.

전문가들은 동굴이 완성되기까지 수년이 걸렸을 것으로 생각해요.

그런데도 이 동굴에 대해 설명하는 기록이나 전해 내려오는 이야기는 남아 있지 않아요.

오랫동안 동굴 안에 가스등을 켜놓은 탓에 조개껍데기들이 하얗게 변했어요. 지금도 관광객들은 수수께끼의 조개 동굴을 보러 찾아오고 있지요.

64 사람들은 빙빙 돌아요…

길을 잃고 헤맬 때요.

일직선으로 똑바로 걷는 건 쉬워 보여요. 하지만 연구에 따르면, 날씨가 나쁘거나 주변이 캄캄할 때, 허허벌판에서 길을 잃었을 때 똑바로 걷는 것은 무척 힘들어요.

날씨가 맑으면 낯선 곳이어도 똑바로 걷는 것이 별로 어렵지 않아요.

하지만 날씨가 나쁘면…

…위치를 파악하는 데 도움이 되는 사물이 보이지 않아요.

그래서 다른 쪽으로 방향을 바꾸어 걷거나…

…심지어 지나간 길을 또 지나가기도 해요.

뇌의 공간 감각과 균형 감각이 항상 정확하게 작동하는 것은 아니에요. 태양이나 별처럼 방향을 알 수 있는 단서가 없다면 일직선으로 걸어가는 일이 어려워져서, 어느 방향으로 가야 할지 알 수 없게 되고 같은 자리를 빙빙 돌게 되지요.

65 유령 숲은 있을 수도 있고…

없을 수도 있어요.

때때로 여러 나라의 정부와 기업은 기후 변화를 막기 위해 나무를 많이 심겠다는 약속을 해요. 그런데 정부와 기업이 정말 나무를 심었는지, 실제로 나무가 자라고 있는지 알기 어렵기 때문에 만들기로 약속한 숲이 존재하지 않는 **유령 숲**이 되기도 해요.

숲을 만들겠다는 약속을 하고도 아무것도 심지 않을 때도 있어요.

묘목은 심었지만, 잘 돌보지 않아서 나무가 죽어 숲이 사라지기도 해요.

환경에 맞지 않는 나무를 심어서 나무들이 죽고 말 때도 있고요.

66 정체 모를 수많은 미생물이…

뉴욕 지하철을 타요.

과학자들은 뉴욕의 지하철 안에서 정체를 알 수 없는 아주 조그만 미생물과 여러 생명체를 발견했어요.

2014년에 연구원들은 지하철 주위에서 표본을 채취한 뒤 **DNA 검사**를 했어요. DNA란 모든 생명체에서 발견되는 물질로, 개체마다 고유한 특성을 가져요.

과학자들은 인간의 DNA뿐만 아니라 쥐, 개, 파리의 DNA도 발견했어요. 그리고…

…식중독을 일으키는 세균,

해롭지 않은 세균,

감기 바이러스,

67 로마인의 머리 모양을 흉내 내서…

고대 수수께끼를 풀었어요.

수 세기 동안 역사학자들은 고대 로마의 그림과 조각상에 나타난 복잡하고 높은 머리 모양이 실제 머리카락으로 만든 것이 아니라 가발이라고 생각했어요. 한 미용사가 이 머리 모양을 어떻게 만들 수 있는지 직접 알아내 보기로 했지요.

재닛 스티븐스는 전문 미용사이자 열정적인 역사학자였어요. 스티븐스는 고대 로마의 정교한 머리 모양은 화려한 가발이 아닐 거라고 생각했지요.

고대 로마 조각상

스티븐스는 고대 로마 문서에 나오는 의복과 장신구를 연구했고, 로마 가정에서 사용한 공예품들을 조사했어요.

한 단계 더 나아가 스티븐스는 로마 사람들의 도구를 사용해서 현대 여성들의 머리로 고대 로마 여성의 머리 모양을 재현하기 시작했어요.

현대 여성 모델의 머리

이처럼 고대의 기술과 도구를 사용해 과거에 했던 방식을 그대로 따라 해보는 연구 방법을 **실험 고고학**이라고 해요.

그 결과 스티븐스는 어떻게 로마인들이 빗과 리본, 바늘, 실을 사용해 다양한 머리 모양을 만들었는지 알아냈어요. 스티븐스의 연구 덕분에 이전까지 알려지지 않았던 로마 여성들의 생활을 밝혀낼 수 있었지요.

68 유령 이야기의 나이는…

문학의 나이와 같아요.

세계에서 가장 오래된 문학 작품은 바로 『길가메시 서사시』라는 작품이에요. 길가메시 서사시는 약 4,000년 전에 쓰였는데, 이 이야기에는 친절한 유령이 등장해서 다른 여러 문학 속 유령들처럼 *아무도 모르는 비밀*을 알려 줘요.

나는 엔키두야. 죽어서 유령이 되었지. 『길가메시 서사시』에서는 친구였던 왕이 나를 불러 저승에 관해 묻지.

나는 희곡 『햄릿』에 등장하는 왕의 유령이란다. 주인공인 왕자 햄릿에게 내가 암살당했다는 진실을 알려 주지.

나는 『크리스마스 캐럴』에 등장하고, 살아있을 때의 이름은 말리였어. 내 동업자였던 스크루지에게 이번 생과 다음 생에서 무엇이 스크루지를 기다리고 있는지 경고하지.

유령은 꾸준히 이야기 속에 등장했어요. 어떤 유령은 무섭고 복수심에 가득 차 있지만, 친절한 유령도 있어요.

이 유령들은 모두 비슷한 역할을 해요. 살아있는 사람이라면 알 수 없는 정보를 알려 주지요.

나는 이디스 워튼이 쓴 『하녀의 종』에 등장해. 으스스한 종소리를 울려서 비밀을 밝혀내는 것을 도와줘.

69 우주는 너무 작아요…

그레이엄 수를 담기에는요.

1971년, 로널드 그레이엄이라는 수학자가 어느 어려운 문제를 두고
해결 방법을 찾고 있었어요. 그레이엄의 계산에는 엄청나게 큰 숫자가 필요해요.
이 수는 너무 커서 사람의 뇌나 계산기로도 정확히 파악할 수 없을 정도예요.

그레이엄의 수는 *어마어마하게 커서,
각 자릿수의 크기가 모래알보다 작고
칠판이 우주만큼 커도
적을 공간이 부족할 거예요.*

이런…
칠판이 더 커야겠는걸요!

그레이엄 수를 다 적을 수 있다면
적는 데만도 우주의 나이보다
더 오랜 시간이 걸릴 거예요.

훨씬 더 커야겠죠!

수학자들이 그레이엄의 수에 관해 확실하게 알고 있는 것은
정수이고 3으로 나눌 수 있으며 7로 끝난다는 것뿐이에요.
하지만 나머지 대부분의 숫자는 영원히 알 수 없을 거예요.

70 오래전에 사라진 고대의 시가…

미라 얼굴에 숨어 있을지도 몰라요.

고대 이집트에서는 죽은 사람을 땅에 묻기 전에 미라로 만들었어요.
어떤 미라들은 고대의 글이 적힌 종잇조각으로 화사하게 감싸여 있지요.

미라는 시체를 소금으로 건조시킨 다음 천으로 감싸서 만들었어요.
그리고 **카투네지**라는 두꺼운 종이로 가면을 만들어 색을 칠해 꾸몄어요.
카투네지는 다 쓴 종이를 여러 겹 붙여서 만들었지요.

현대 고고학자들은 떼어 낸 카투네지 조각 안쪽에서 고대의 글들을 발견했어요.

그중에는 공식 문서도 있었고,

사야 할 물품 목록이나…

오래된 편지,

심지어 **사포**라는 시인의 시도 들어 있었어요. 사포는 2,500년 전 지중해에 있는 레스보스섬에 살았던 유명한 여성 시인으로, 시집을 여덟 권 이상 썼어요.

세월이 흐르며 사포가 쓴 책은 대부분 사라졌고, 오늘날 남아 있는 것은 온전한 시 한 편과 조각난 나머지 시의 일부뿐이에요.

어쩌면 어떤 미라의 가면 속에는 사포의 또 다른 시가 숨겨져 있을지도 몰라요.

71 제왕나비는 아주 먼 곳까지 날아요…

이전에는 가 본 적 없는 길을 따라서요.

해마다 제왕나비 무리는 10,000킬로미터에 달하는 머나먼 거리를 여행해요. 하지만 처음 여행을 시작한 제왕나비가 목적지까지 가는 것은 아니에요. 몇 세대에 걸쳐 목적지까지 갔다 출발지로 되돌아오는 여행을 하지요. 누군가 길을 알려 주는 것도 아닌데 제왕나비는 어떻게 길을 찾을 수 있을까요? 말과 주사위를 준비해 아래 게임을 즐기며 제왕나비의 여행을 따라가 보아요.

72 티라노사우루스 렉스의 달리기 실력은…

점점 더 느려지고 있어요.

수십 년 동안 *티라노사우루스 렉스*는 영화에 나오는 것처럼 재빠르고 힘찬 포식자일 거라고 여겨졌어요. 하지만 새로 밝혀진 사실에 따르면 우리는 걸어서도 티라노사우루스 렉스를 가뿐히 따돌릴 수 있을 거예요.

과학자들은 티라노사우루스 렉스의 뼈와 화석을 바탕으로 컴퓨터 모델을 만들어서 티라노사우루스 렉스가 어떻게 움직였는지 분석했어요.

처음에 과학자들은 티라노사우루스 렉스의 거대하고 튼튼한 다리뼈를 보고 아주 빨리 달리는 공룡이었을 거라고 생각했어요.

키: 4m

최대한 빨리 달리고 있어!

하지만 컴퓨터가 발달하면서 티라노사우루스렉스 모델이 더욱 정교해졌고, 사실 티라노사우루스 렉스는 느리다는 것을 밝혀냈어요. 걸음 속도는 점점 더 느려지고…

시속 8km
시속 7km
시속 5km

…더욱더 느려졌어요.

이 속도는 평균적으로 사람이 걷는 속도와 비슷해요. 우리가 여유롭게 걸어도 느림보 티라노사우루스 렉스를 따라잡을 수 있었을 거예요.

또한 티라노사우루스 렉스의
거대한 꼬리는 길고 무거워서
빠르게 달리기 힘들었을 거라는
사실도 밝혀졌어요.

몸길이: 12m

티라노사우루스 렉스의
꼬리는 전체 몸길이의
3분의 1을 차지해요.

몸무게: 5,000kg 이상

과학자들은 만약 티라노사우루스 렉스가
빠르게 달린다면 무거운 몸무게 때문에
다리뼈가 산산이 부서졌을 거라고 생각해요.

컴퓨터 모델이 계속 발달하고
더 많은 화석을 조사하다 보면
앞으로도 티라노사우루스 렉스에 관한
새로운 사실들이 더 밝혀질 거예요.

수천 년 동안 철학자와 수학자 들을 골치 아프게 했던 문장이 있어요. 바로 **거짓말쟁이의 역설**이지요.

이 문장은 참일까요, 아니면 거짓일까요?

73 이 문장은…
거짓이다.

이 문장이 거짓이라면, 이 문장은 참이라는 뜻이에요.

이 문장이 참이라면, 이 문장은 거짓이에요.

과연 정답을 찾을 수 있을지 모르겠어요!

74 대통령을 숨기려면…
똑같은 헬리콥터 여러 대가 필요해요.

미국의 대통령이 타는 헬리콥터는 빠르고 쉽게 이동할 수 있는 탈것이지만, 공격받기 쉬워요. 그래서 대통령이 어느 헬리콥터를 탔는지 모르게 하기 위해서 똑같이 생긴 헬리콥터 여러 대가 동시에 날아요.

다른 그림 찾기
질문 아래 그림은 어떤 부분이 다를까요?

정답 모두 같은 그림이에요.
헬리콥터에 아무 흔적도 남기지 않아서 그 누구도 대통령이 탔는지 알 수 없답니다.

75 칭기즈 칸의 무덤은…

그 누구도 찾지 못해요.

칭기즈 칸은 약 800년 전에 강력한 제국을 세운 몽골의 통치자예요. 중국과 중앙아시아의 많은 지역을 정복한 칭기즈 칸은 자신이 묻힌 장소를 비밀로 하라는 유언을 남겼어요.

칭기즈 칸의 무덤을 어떻게 숨겼는지에 대해서는 많은 전설이 있어요.

칭기즈 칸의 병사들이 무덤을 만든 일꾼들을 죽이고…

…무덤이 있던 흔적을 없애기 위해 무덤 위로 말 1,000마리를 달리게 한 뒤,

병사들이 스스로 목숨을 끊어 칭기즈 칸의 무덤에 대해 아는 사람이 아무도 남지 않았을 거라는 전설이 있어요.

어떤 전설에서는 무덤 위로 강물이 흐르도록 만들어서 무덤의 위치를 영원히 숨겨 버렸을 거라고 하지요.

칭기즈 칸이 수백 년 동안 사람의 출입이 금지된 신성한 산속 어느 구역에 묻혔을 거라는 전설도 있어요.

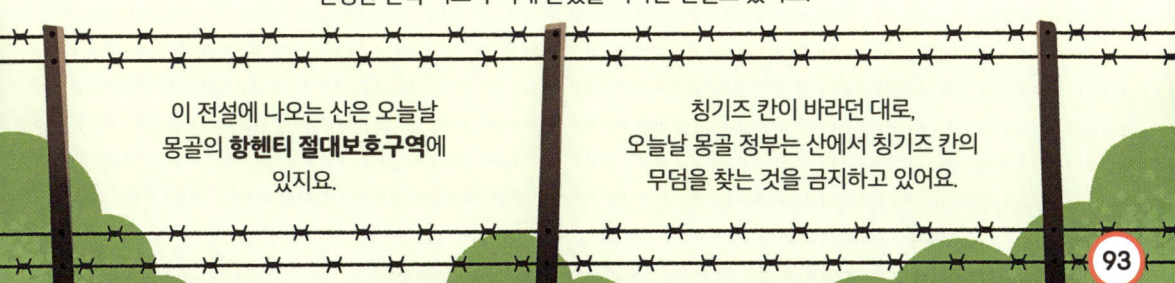

이 전설에 나오는 산은 오늘날 몽골의 **항헨티 절대보호구역**에 있지요.

칭기즈 칸이 바라던 대로, 오늘날 몽골 정부는 산에서 칭기즈 칸의 무덤을 찾는 것을 금지하고 있어요.

76 환자가 모르는 것이…

실제로 치료 효과가 있을지도 몰라요.

의사가 처방하는 알약에는 대부분 **유효성분**이 들었어요. 유효성분은 통증을 가라앉히거나, 특정 질병에 효과가 있다고 입증된 성분이에요. 그런데 유효성분이 들어 있지 않은 설탕 알약도 때때로 환자에게 도움을 줄 수 있어요.

설탕 알약 (약효 없음)

진짜 알약 (약효 있음)

이것을 **플라세보 효과**라고 해요. 만약 환자가 **속임약(플라세보)**이 실제로 치료 효과가 있는 약이라고 믿는다면 치료 효과가 나타날 수 있다는 거예요.

속임약이 의료 효과를 가져다주는 정확한 이유는 알 수 없지만, 연구 결과에 따르면 환자들은 속임약을 먹고 실제로 몸이 나아지는 경우가 많았다고 해요.

만약 환자가 약효를 **믿고**, 실제로 약효가 **있는** 약이라면, 아마도 약효가 **나타날** 거예요.

만약 환자가 약효를 **믿지 않아도** 실제로 약효가 **있는** 약이라면 약효가 **나타날** 거예요.

환자는 약효를 **믿지만** 실제로는 약효가 **없는** 약이라면 약효가 **나타날 수** 있어요.

가장 놀라운 것은 환자들이 속임약인 줄 알고 약을 먹었을 때도 치료 효과가 나타났다는 사실이에요.

환자도 약효를 **믿지 않고** 실제로 약효가 **없는** 약이어도 약효는 **나타날 수** 있어요.

77 엉망으로 쓴 글씨 때문에…

고대 보물을 영영 찾지 못할 수도 있어요.

약 2,000년 전 어느 서기관이 중요한 임무를 맡았어요. 바로 동전과 그릇, 거대한 순금 막대 등의 보물을 숨긴 비밀 장소를 구리로 만든 두루마리에 기록하는 일이었지요.

서기관은 망치와 끌로 구리 두루마리 위에 글자를 엉망으로 적었어요. 철자를 틀리거나 글자 간의 간격을 제멋대로 띄우고, 글자를 뒤집어 적기도 했지요.

우아!

몇 세기 뒤 고고학자들은 **사해 문서**라는 고대 문서와 함께 구리 두루마리를 발견했어요.

전문가들은 구리 두루마리를 살펴보고 두루마기의 내용이 고대 히브리어로 쓰였다는 것을 알아냈지만, 글자 대부분은 읽을 수 없었어요.

장소 이름이 적혀 있다는 건 알겠어요. 보물 이름처럼 보이는 것도 있고요. 하지만 나머지는 전혀 알 수 없는 글자로군요!

내용을 읽을 수만 있다면 구리 두루마리는 고고학자들에게 어마어마하게 많은 보물이 숨어 있는 장소를 알려 줄지도 몰라요.

78 생각날 듯 말 듯 한 이름이…

계속 입에서 맴돌아요.

이름을 모르거나 잘 기억나지 않는 것을 뭐라고 부를까요?
세계의 모든 언어와 사투리에서는 이처럼 기억이 날 듯 말 듯 한 것을
부르는 단어가 수백 가지나 되어요.

Doovalacky
두발라키(호주 영어)

Hoojamaflip
우자마플립(영어)

chirimbolo
치림볼로(스페인어)

Bigyó
비교오(헝가리어)

coso
코소(남아메리카 스페인어)

Aggeggio
아제이조
(이탈리아어)

그거 있잖아, 그거
(한국어)

79 인터넷에서 단 4%의 정보만…

쉽게 검색할 수 있어요.

우리는 **표면 웹**이라는 인터넷 공간에서 무언가를 검색하거나 살펴볼 수 있어요. 표면 웹의 뒷면에는 비밀스러운 개인 정보와 불법적인 정보가 숨겨져 있는 또다른 거대한 웹이 존재해요.

표면 웹: 약 4%

표면 웹에는 구글과 위키피디아 등 검색 엔진을 사용해서 찾을 수 있는 정보가 있어요.

딥 웹: 약 90%

표면 웹 아래에는 온라인 공간의 90%를 차지하는 딥 웹이 있어요. 딥 웹에는 정부 문서와 의료 기록, 개인 이메일, 신용 및 법률 정보 등 다양한 자료가 숨어 있지요.

딥 웹은 해로운 정보가 들어 있는 곳은 아니지만 모든 사람이 접근할 수는 없어요.

다크 웹: 약 6%

딥 웹의 깊숙한 한 곳에는 위험하고 불법적인 정보가 들어 있는 다크 웹이 있어요.

정보를 여러 번 암호화해서 깊숙이 숨겨 놓았기 때문에 쉽게 찾을 수 없어요.

80 로마에서 발견된 정체불명의 물체가…

전 세계 사람들을 추측의 늪에 빠뜨렸어요.

유럽 곳곳에서 **로마 12면체**라는 청동 유물이 수백 개나 발견되었어요.
하지만 어디에도 로마 12면체에 관한 기록은 남아있지 않아요.
고고학자들은 로마 12면체의 정확한 용도를 알아내기 위해 연구하고 있어요.

어떤 사람들은 이 12면체가 주사위거나…

…촛대,

또는 그물의 무게 추였을 거라고 생각해요.

장갑 제작자가 사용한 손가락 길이 측정 도구, 점을 치는 도구, 씨뿌리는 시기를 가늠하는 데 사용한 천문학 도구 등 로마 12면체의 용도에 대한 다양한 추측이 있어요.

2000년이 넘은 로마 12면체는 동전이나 다른 보물들과 함께 발견됐기 때문에 고고학자들은 이 유물이 가치 있는 물건이었을 거라고 짐작해요.
하지만 이것이 어디에 쓰이는 물건이었지는 절대 알 수 없을지도 몰라요.

81 옛날 권력자들은…

식사도 마음껏 할 수 없었어요.

오래전 권력자들은 독살 당하지 않기 위해
여러 가지 물건을 사용하여 음식에 독이 들었는지 검사했어요.
하지만 이 검사 방법들은 실제로는 거의 효과가 없었지요.

베네치아의 유리잔은
순수한 재질로 만들어서
독이 닿으면 산산이
깨질 거라고 생각했어요.

82 과학자들은 아직도 찾지 못했어요…

하품하는 이유를요.

우리는 모두 **하품**을 해요.
다른 사람이 하품하는 모습을 보면
따라서 하품을 하게 되지요.
하품은 왜 하는 걸까요?

폐에 공기를
불어넣기 위해서?

과열된 뇌를
식히기 위해서?

피곤하거나 지루할 때
뇌로 피를 보내서
뇌를 깨우려고?

다른 사람에게
공감하고 유대감을
형성하기 위해서?

'용의 혀'라는 별명이 있는 상어의 이빨을 음식에 올려놓으면 독이 중화된다고 믿었어요.

오팔 반지는 독에 닿으면 색이 옅어진다고 생각했어요.

유니콘의 뿔처럼 생긴 일각돌고래의 엄니로 스푼과 나이프를 만들었어요. 이 식기에 독이 닿으면 색이 변한다고 생각했지요.

운이 나쁜 몇몇 하인들은 주인의 명령에 따라 연회 음식을 먼저 맛보고 독이 들지 않았는지 확인해야 했어요.

83 달의 지도는…

지구의 지도보다 훨씬 전에 완성되었어요.

1966년 발사된 최초의 인공위성이 달 궤도를 돌며 탐색했어요. 몇십 년이 지나 2020년에 첨단 위성들은 달의 전체 표면 지도를 상세하게 완성했지요. 하지만 지구의 지도를 완성하는 것은 훨씬 더 어려운 일이에요.

바로 물 때문이에요. 위성은 암석으로 된 표면은 쉽게 조사할 수 있지만, 깊은 물 속은 볼 수 없거든요.

과학자들은 배와 잠수함을 이용해서 바닷속에 있는 산과 평원, 협곡의 지도를 만들어요.

한 번에 아주 일부 지역만 조사할 수 있지요. 아마 2030년은 되어야 상세한 지구 표면 지도를 볼 수 있을 거예요.

달 표면 지도
100% 완성!

지구 표면 지도
아직 작업 중! 70%가 바다이기 때문에 알아내는 데 시간이 더 걸릴 거예요.

101

84 표의 빈자리에서...

우주의 구성 요소를 찾을 수 있어요.

우주의 모든 것을 구성하는 기본 요소를 **원소**라고 해요. 원소는 저마다 고유한 특성이 있지요. 1800년대에 러시아의 과학자 멘델레예프가 원소들을 더 잘 이해하기 위해 규칙에 따른 표를 만들었어요.

원소마다 **원자 질량**이 달라요. 원자 질량이란 원소의 조그만 원자 안에 얼마나 많은 물질이 들어 있고 원자가 얼마나 무거운지를 나타내요. 멘델레예프는 원자 질량이 증가하는 순서대로 원소를 배열했어요.

비슷한 원소는 같은 열에 넣었지요. 표에는 군데군데 빈칸이 생기기도 했어요.

B 붕소	C 탄소	N 질소	O 산소	F 플루오린
Al 알루미늄	Si 규소	P 인	S 황	Cl 염소
?	Ti 타이타늄	V 바나듐	Cr 크로뮴	Mn 망가니즈
?	?			Br 브로민

아직 발견되지 않은 원소 자리를 빈칸으로 남겨 두었어요. 이 표에 나타나는 규칙성을 보며 아직 발견되지 않은 원소의 원자 질량과 특성을 예측할 수 있었지요.

나는 이 표에 **주기율표**라는 이름을 붙였어요. 과학자들은 오늘날에도 주기율표를 사용하고, 표의 빈칸을 채우고 있지요.

102

85　119번 원소는…

존재할 수도 있고 존재하지 않을 수도 있어요.

멘델레예프가 주기율표를 만든 이후에도 과학자들은 더 많은 원소를 발견했어요. 오늘날 주기율표의 원소는 모두 118개예요. 과연 119번째 원소가 존재할까요?

118개의 원소 중 어떤 원소들은 매우 발견하기 어려웠어요. 이 원소들은 자연에서 찾은 것이 아니라 실험실에서 만들어진 **방사성 원소**이기 때문이에요. 방사성 원소는 만들자마자 사라지기 때문에 단 몇 초 정도의 짧은 시간 동안만 존재해요.

화학자들은 새 원소를 더 만드는 것이 가능한지 아니면 우주 어딘가에 새 원소가 이미 존재하고 있을지 대해 의견이 분분해요.

?
119

실험실에서는 이미 존재하는 원소에 아주 작은 입자를 충돌시켜서 새로운 원소를 만들어요. 가끔 입자들이 원소와 융합하여 새로운 원소가 만들어지기도 하지요.

119번째 원소를 만들기 위해서는 입자들을 아주 **강하고 빠르게** 발사해야 해요. 하지만 그러면 원소와 실험 장비가 녹아 버리고 말지요.

새로운 기술이나 실험 장비가 발명되기 전까지 119번 원소가 탄생할 수 있을지는 알 수 없을 거예요.

86 가장 대단했던 사기극은...

과학자들도 깜빡 속아 넘어갈 정도였어요.

사기극은 꾀를 써서 가능한 한 많은 사람을 속이는 일이에요. 그 내용이 얼마나 부자연스러운지는 중요하지 않지요. 사람들이 믿기 시작한다면 의심 많은 과학자도 속임수에 당하고 말 거예요.

놀라운 사기극과 환상적인 쇼!
여러분은 깜빡 속아 넘어갈 거랍니다!

놀랍고 징그러운 '피지 인어' 박제! 자, 와서 구경해 보세요!

피지 인어 박제는 1822년 런던에서 처음 전시되었어요. 공연 기획자 P.T. 바넘이 미국으로 박제를 가져가 순회 전시를 했고 수천 명이 인어 박제를 보러 몰려들었어요.

피지 인어

피지 인어는 남태평양에 있는 피지에서 어부들이 잡았다고 알려졌어요. 하지만 사실 피지 인어는 원숭이의 몸에 물고기의 꼬리를 붙여서 만든 거예요.

세상을 속인 가장 터무니없는 속임수!

코팅리 요정

1971년 영국 북부에 살던 두 여학생이 정원에서 즐겁게 노는 요정 사진을 찍었어요.

이 사진의 사실 여부를 두고 신문에서 격렬한 논쟁이 벌어졌지요. 여학생들은 수십 년이 지나서야 사진에 찍힌 요정은 종이를 오려 만든 가짜라고 털어놓았어요.

사진은 절대 거짓말하지 않는다는 게 진짜일까?

사람들은 왜 새로운 목격담이나 희한한 주장, 기괴한 존재들에 대한 이야기를 흥미로워 할까요? 그 이유를 절대 알 수 없을지도 몰라요.

자동인형 체스 선수

1770년부터 1854년까지 체스를 두는 자동인형이 유럽과 미국을 돌며 체스 시합을 했어요. 이 인형은 과학자 베자민 프랭클린과 프랑스의 통치자 나폴레옹 보나파르트와의 시합에서도 승리를 거두었지요. 하지만 사실 기계 속 공간에 실제 체스 선수가 웅크린 채 체스를 둔 것이었고, 이 사실을 아무도 알아차리지 못했어요.

진짜와 가짜를 구별할 수 있나요?

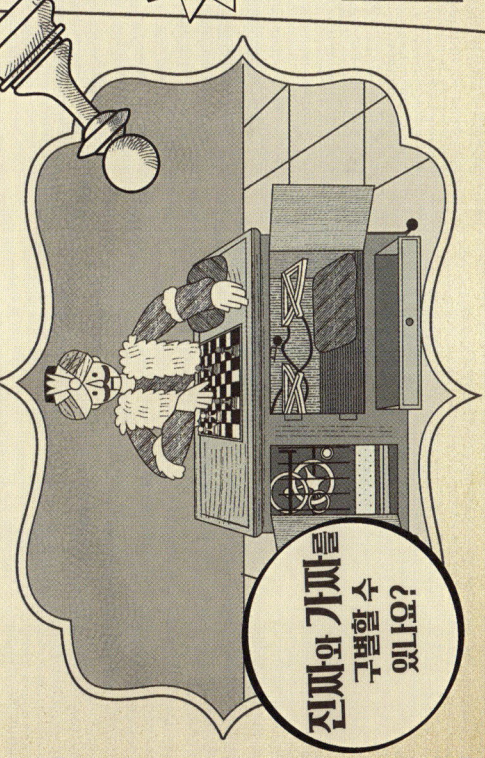

87 미래에도 초콜릿 잼을 먹을 수 있을지…

확실하지 않아요.

초콜릿 잼에 들어가는 주요 성분 중 하나는 **헤이즐넛**이에요. 하지만 헤이즐넛이 열리는 서양개암나무가 병에 걸려 죽어가고 있지요. 과학자들은 해결책을 찾고 있지만, 어쩌면 너무 늦었을지도 몰라요.

전 세계 헤이즐넛의 70%가 튀르키예에서 생산돼요. 서양개암나무는 다른 환경에서 잘 자라지 못하고, 흙이 달라지면 쉽게 질병에 걸리기 때문이에요.

하지만 튀르키예에서도 진균병이 서양개암나무를 위협하고 있어요.

전 세계의 실험실에서 과학자들은 수천 그루의 서양개암나무 품종을 검사하고 있어요.

질병에 강한 서양개암나무 품종을 찾아내기 위해서지요.

질병을 이겨낼 수 있는 서양개암나무 품종을 찾거나 여러 종을 교배해 새 품종을 만들 수 있다면 다시 헤이즐넛을 재배할 수 있을 거예요. 하지만 그때까지 초콜릿 잼을 만들 수 있을지는 장담할 수 없어요.

88 우주에서 생명체를 찾기 위해서는…

먼저 물을 찾아야 해요.

지구는 생물이 살기에 알맞은 조건을 갖추고 있어요.
외계 생명체를 찾는 천문학자들은 지구와 비슷한 조건을 가진 행성이나 위성을 탐색하고 있어요.
이들이 발견할 수 있을지는 확실하지 않지만, 어디서부터 탐색해야 하는지는 확실해요.

생물에는 **액체 상태의 물**이 꼭 필요해요.
지구에는 아주 많은 양의 물이 있고
태양계의 몇몇 다른 행성에도 존재하지요.

화성과 금성

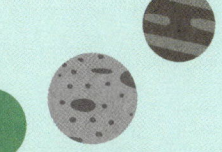
목성의 위성
유로파, 가니메데,
그리고 어쩌면 칼리스토
(칼리스토의 물은 추측 상태)

토성의 위성
엔셀라두스, 타이탄

과학자들이 행성이나 위성에
탐사선을 보내 조사하고 있지만,
아직 생명체의 흔적은 찾지 못했어요.

물이 생물이 존재할 수 있는
유일한 조건은 아니에요.
천문학자들은 성능이 뛰어난 망원경으로
지구와 비슷한 특성을 가진 행성들을
다른 항성계에서 50개 이상 발견했어요.

모두 **크기**가
비슷해요.

생명체가 자라는 데 필요한
에너지원인 **빛**을 받기 위해
항성 가까이에서 공전하지만…

우주에서 오는
해로운 방사선을 막아 주는
대기가 있을 거예요.

…타 버릴 정도로
너무 가깝지는 않아요.

2021년에는 새로운 우주 망원경인
제임스 웹 우주망원경이 발사되었어요.
덕분에 천문학자들은 멀리 떨어진
행성들을 더욱 자세히 살펴보며
생명이 살 수 있는 행성인지
연구할 수 있게 되었지요.

암석으로 된 표면에는
철과 **탄소**를 비롯한
필수 **원소**가 있을까요?

물이 조금이라도
있을까요?

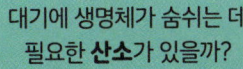
대기에 생명체가 숨쉬는 데
필요한 **산소**가 있을까?

또다른 치명적인
기체가 있을까?

천문학자들은 이런 정보들을 보고
생명체가 존재할 가능성이 있는 행성을 찾아서
더 깊은 연구를 해 볼 수 있어요.

89 소형 카메라가…

등산의 역사를 바꾸어 버릴지도 몰라요.

1924년 6월 8일, 영국의 등반가 두 명이 세계에서 가장 높은 산인 에베레스트산 정상 등산을 시도했어요. 두 사람은 에베레스트산 정상 가까이에 있는 비탈 위 텐트에서 나와 길을 나섰고, 천천히 구름 속으로 사라졌어요. 그리고 다시는 돌아오지 못했어요.

이 등반가들의 이름은 조지 맬러리와 앤드루 어빈이에요. 산 어딘가에서 목숨을 잃었지요.

사람들은 수십 년 동안 두 사람이 정상에 도착했을지 궁금해했어요.

그것을 증명할 유일한 증거는 바로 두 사람의 유품인 카메라 **코닥 베스트 포켓 모델 B**예요.

이 카메라는 등산객이 가지고 다니던 작은 휴대용 카메라인데, *만약* 두 사람이 정상에 올랐다면 그때 찍은 사진이 남아 있을 거예요.

만약 누군가 산에서 눈 속에 잘 보존된 두 사람의 카메라와 사진을 발견한다면, 등산의 역사는 새롭게 쓰일지도 몰라요.

90 누가 이겼는지 아무도 몰라요…

카데시 전투에서요.

약 3,300년 전 지금의 시리아 지역인 카데시 마을 근처에서 막강한 두 군대가 맞붙었어요. 역사학자들은 카데시 전투에 관해 상세하게 조사했지만 누가 전투에서 승리했는지는 밝혀내지 못했어요.

카데시 전투는 당시 경쟁 관계였던 **이집트 제국**과 **히타이트 제국**이 벌인 전쟁이었어요.

전투는 히타이트군의 기습으로 시작되었어요. 히타이트군은 이집트군 진영으로 곧장 들이닥쳤지요.

전차 약 5,000대와 보병 약 60,000명이 전투에 동원되었어요.

이집트의 통치자 람세스 2세는 적들에게 포위당하기도 했어요. 람세스는 살아남기 위해 싸워야 했지요!

카데시 전투는 다른 고대의 전투보다도 훨씬 더 많은 기록이 남아 있어요. 하지만 이집트 제국과 히타이트 제국 모두 영광스러운 승리를 거두었다고 기록해 두었지요.

오늘날까지도 어느 편이 전투에서 이겼는지는 알 수 없어요.

91 편지 잠금 기법을 사용하면...

그 누구도 편지를 열어 볼 수 없어요.

지금이 16세기 말이라고 상상해 보세요. 여러분은 베네치아에 있는 영국 스파이고, 여왕에게 비밀 편지를 보내야 해요. 편지가 바다와 육지를 거쳐 런던에 도착하려면 몇 주나 걸리지요. 봉투에 넣는 것만으로는 비밀 편지의 내용을 완벽하게 지킬 수 없어요. 그렇다면 편지가 여왕에게 도착하기 전까지 아무도 읽지 못하게 하려면 어떻게 해야 할까요?

16세기 말 사람들은 편지를 완전히 봉하기 위해 **편지 잠금 기법**을 사용했어요. 몇 가지 간단한 도구와 편지지만 있으면 편지를 봉할 수 있지요.

편지 잠금 기법을 쓰면 편지지를 찢거나 자르지 않고는 편지를 열어 볼 수 없어요. 편지를 받는 사람은 편지지가 찢어져 있다면 누군가 편지의 내용을 훔쳐봤다는 사실을 알아챌 수 있었지요.

1단계: 편지를 쓴 다음 귀퉁이를 긴 삼각형 모양으로 자른다.

2단계: 편지 내용이 보이지 않도록 편지지를 깔끔하고 반듯하게 접는다.

3단계: 편지를 접은 채로 가장자리 가까이에 직선으로 칼집을 낸다.

4단계: 칼집에 삼각형 모양으로 자른 종이를 뾰족한 부분부터 끼워 넣는다.

5단계: 편지를 관통한 삼각형 종이 끝부분에 끈적하게 녹인 밀랍을 떨어뜨리고 재빨리 다음 6단계로 넘어간다.

6단계: 삼각형 종이의 넓은 끝부분으로 편지 가장자리를 감싼 후 밀랍 위를 덮어 누른다.

7단계: 그림 등 독특한 문양이 새겨진 인장을 삼각형 종이 위에 찍어 편지를 봉한다.

이러한 잠금 기법은 다양한 편지 잠금 기법 중 하나예요. 상인과 스파이, 왕과 여왕 등 많은 사람이 수 세기 동안 편지 잠금 기법을 사용했지요.

스코틀랜드의 메리 여왕도 1587년 처형되기 전날 밤, 시동생인 프랑스 왕에게 마지막 편지를 쓰고 편지 잠금 기법으로 편지를 봉했답니다.

92 구부러진 숲은…

수십 년 동안 나무 전문가들을 혼란에 빠뜨렸어요.

폴란드에는 **크시비 라스**라는 숲이 있어요. 크시비 라스는 폴란드어로 '구부러진 숲'이라는 뜻으로, 이 숲에는 밑동이 굽은 소나무들이 자라지요. 휘어진 나무가 자라는 이유에는 몇 가지 가설이 있어요.

도전! 수수께끼 퀴즈 쇼

1930년대에 크시비 라스에 심은 나무는 10년쯤 시간이 지나자 휘어져 자라기 시작했어요.

다음 중, 가장 가능성이 높은 원인은 무엇일까요?

A 탱크가 나무 위로 지나가서 나무가 옆으로 자라게 되었다.

B 폭설로 나무가 휘어서 구부러져 자라게 되었다.

C 농부들이 배나 가구 재료로 쓰려고 일부러 나무를 휘어지게 만들었다.

확신할 수는 없지만 C가 가장 그럴듯하군요! 그 당시 유럽에 전쟁이 일어나서 농부들이 나무를 베어내지 못했고, 그래서 나무가 밑동이 굽은 채 계속 자라고 있는 거지요.

93 소는 나침반이 되어요…

식사하고 있을 때요.

농부들은 소가 풀을 먹는 동안 모두 북쪽이나 남쪽으로 향한다는 사실을 알아냈어요. 과학자들은 전 세계의 소를 수천 마리나 관찰했지만, 아직도 왜 소가 풀을 먹으며 일정한 방향으로 이동하는 습성을 가졌는지 알아내지 못했어요.

과학자들은 소가 세계 어느 곳에 있고 품종이 무엇이든, 밤낮 관계없이 거의 항상 북쪽이나 남쪽을 향해 나란히 서 있다는 것을 발견했어요.

소도 다른 동물들처럼 지구의 남북 자기장을 감지하고 길을 찾을 수 있는 걸지도 몰라요. 하지만 소들이 왜 이렇게 같은 방향으로 서 있는지는 아직 밝혀지지 않았지요.

94 인간이 얼마나 빨리 달릴 수 있는지는…

아직 파악되지 않았어요.

시간이 흐르며 단거리 선수들의 100m 달리기 기록은 점점 짧아졌고, 지금도 그 기록은 아주 조금씩 더 짧아지고 있어요. 인간이 달릴 수 있는 속도는 언젠가 한계에 다다를 지도 몰라요. 하지만 과연 그 한계는 어디까지일까요?

단거리 선수가 낼 수 있는 최대 속도는 적어도 **5가지** 요소의 영향을 받아요.

1 반응 시간
가장 빠르게 앞서 나가기 위해서는 신호총이 발사되자마자 출발대를 박차고 나가야 해요.

2 땅에 가하는 힘
과학자들은 발이 땅을 밀어내는 힘의 크기가 속도에 가장 큰 영향을 미친다고 생각해요.

번개 같은 속도 총알처럼 빠른 운동화

달리기 선수가 속도를 높이려면 땅에 더 강한 힘을 가해야 하고, 힘이 적어지면 발이 땅에 닿는 시간도 길어져요. 새로운 기술을 적용해 만든 첨단 운동화를 신으면 강한 힘을 가할 수 있어 더 빨리 달리는 데 도움이 돼요.

세계 기록

1896년에 세워진 100m 달리기 최단 기록은 12초였어요. 하지만 오늘날에는 발이 빠른 청소년도 그 정도 속도를 낼 수 있지요.

1968년에 세워진 최단 기록은 10초 미만이었어요.

하지만 그 이후로 세계 기록은 0.5초의 작은 차이로 깨졌어요. 과학자들은 인간이 달릴 수 있는 최대 속도가 한계에 도달하고 있다고 생각해요.

3 항력
항력은 주변의 공기가 운동하는 물체를 반대 방향으로 밀며 저항하는 힘이에요. 첨단 섬유를 사용해서 특별히 만든 옷을 입으면 항력이 줄어들어 더 빠르게 달릴 수 있어요.

4 날씨
등 뒤에서 바람이 살짝 불어온다면 더 쉽게 달릴 수 있어요. 하지만 바람이 너무 강하게 불 때 달린 기록은 공식적으로 인정받지 못해요.

5 체력, 힘, 체구
미래 사람들은 키가 더 크고, 더 강할까요? 식습관을 조절하고 훈련을 하면 더 좋은 신체 조건을 갖출 수 있을지도 몰라요. 과연 인간은 얼마나 더 좋은 신체 조건을 만들 수 있을까요?

과학자들은 사람이 낼 수 있는 한계 속도를 다양한 상황을 가정해서 계산했고 조금씩 다른 결과를 도출해 냈어요. 언제 한계에 다다를지는 알 수 없지만, 어쩌면 인간의 한계 속도는 이미 정해져 있을지도 몰라요.

95 마술사의 비밀은…

매직 서클이 보호해 줘요.

영국 마술사 협회는 **매직 서클**이라고 불러요. 매직 서클에는 전 세계 최고의 마술사만 가입할 수 있지요. 매직 서클 회원들은 함께 모여서 마술의 비밀을 공유하고 트릭을 다듬어 더 좋은 마술을 만들어요.

마술사들이 매직 서클에 가입하려면 4,000단어 분량의 논문을 쓰거나, 위원회 앞에서 공연을 펼쳐야 해요.

매직 서클 본사에는 100년의 역사를 자랑하는 마술 도서관과 박물관이 있어요. 이곳에는 마술 소품과 진귀한 물건들이 가득하지요.

마술의 비밀은 동료 회원이나 제자 외 다른 사람에게 누설해서는 안 돼요.

매직 서클의 규칙을 어기는 회원은 매직 서클 회원 자격을 잃게 돼요.

일반 사람들도 매직 서클 회사 공연장에 와서 공연을 볼 수 있어요.

뛰어난 실력을 갖춘 회원은 서클의 최고 비밀 모임인 **이너 서클**에 가입할 수 있어요. 이너 서클은 세상에서 가장 위대한 마술을 연구하고 만드는 곳이에요.

96 마법의 돌을 찾는 일은…

진정한 과학의 발견으로 이어졌어요.

고대부터 17세기까지 중국과 인도, 유럽, 중동의 **연금술사**들은 평생 **현자의 돌**이라는 물질을 찾아 헤맸어요.

연금술사들은 현자의 돌이…

…평범한 금속을 금으로 바꾸고,

불에 파괴되지 않고,

모든 병을 고치며,

영원한 젊음을 준다고 믿었어요.

연금술사들은 다음과 같은 실험을 했어요.

돌을 부수어 광물 추출하기

유리 플라스크에 물약 섞기

불에 물질 가열하기

증류플라스크에 액체 정제하기

연금술사들은 비밀리에 실험을 하며 서로 치열한 경쟁을 벌였어요.

어떤 연금술사는 암호로 책을 쓰기도 하고 경쟁자를 속이려고 거짓 정보를 덧붙이기도 했어요.

연금술사들은 결국 현자의 돌을 발견하지 못했어요. 하지만 연금술사들의 실험 방법은 현대 화학으로 진화했고 이를 토대로 많은 과학 발견이 이루어졌어요.

97 어느 손을 쓰게 될지는…

예측하기 어려워요.

전 세계 사람들의 90%는 오른손잡이예요. 나머지 10% 중 대부분은 왼손잡이지요. 역사학자들은 오른손잡이가 많은 이유는 수천 년에 걸쳐 만들어진 결과라고 생각해요. 하지만 그 이유는 아무도 몰라요.

역사학자들은 수천 년 전 사람들의 뼈와 도구, 동굴 벽화 등을 연구했어요. 그 결과, 선사 시대 사람들은 대부분 오른손잡이였고, 아주 일부만 왼손잡이였을 거라는 추측을 하게 되었어요. 오늘날도 마찬가지로 사람들은 대부분 오른손잡이예요.

과학자들은 뇌가 좌뇌와 우뇌로 나누어져 있어서 오른손잡이가 더 많이 나타난다고 생각했어요. 하지만 오른손잡이인 사람과 왼손잡이인 사람의 뇌 기능에는 큰 차이가 없었지요.

과학자들은 오른손잡이나 왼손잡이가 유전이라고도 생각했지만, 모든 가족 구성원이 같은 쪽 손을 쓰는 건 아니었기 때문에 이 추측도 신빙성이 없었어요.

아직도 과학자들은 유전자를 통해 오른손잡이와 왼손잡이를 결정하는 무언가가 전해진다고 생각하지만, 뚜렷한 규칙은 찾아내지 못했어요.

수많은 과학자와 의사들이 많은 연구를 했지만 왜 사람들 대부분은 오른손잡이고 왼손잡이인 사람은 소수인지, 어느 쪽 손을 주로 사용하게 될지는 아직 예측할 수 없지요.

98 투조와 제이슨은…

땅속에 숨어있는 대륙 크기만 한 덩어리예요.

1970년대 지질학자들은 지표면 아래 깊은 곳에서 특정한 모양이 없는 거대한 덩어리 두 개를 발견했어요. 이것을 **거대 저속도 전단파 구역**이라고 해요. 또는 **투조**와 **제이슨**이라는 별명으로도 부르지요.

투조와 제이슨을 어떻게 찾았을까요?
지진이 일어나면 위아래로 음파가 전달되는데, 과학자들은 기계를 사용해 음파가 다른 암석층을 통과하는지, 굴절되는지 알아내요.

이 음파가 이상하게 움직이는 것을 본 과학자들이 땅 속에 있는 어떤 덩어리에 대해 처음 알아냈지요.

안녕, 나는 제이슨이야!
과학자들이 태평양 깊은 곳에서 나를 발견했어.

안녕, 나는 투조야!
나는 아프리카 대륙 아래 깊은 곳에 있어.
크기는 제이슨의 절반보다 작지만, 그래도 엄청나게 커!

투조와 제이슨에 대해 알려진 사실

투조와 제이슨은 지표면 수천 킬로미터 아래에 있는 **하부 맨틀**에 있어요.

마치 라바 램프* 안에 든 왁스 덩어리처럼 천천히 움직이면서 형체가 바뀌어요.

주변에 있는 액체 상태의 암석보다 밀도가 더 높은 물질로 이루어져 있어요.

아마 화산 활동에도 영향을 끼칠 거예요.

밝혀지지 않은 사실

투조와 제이슨이 언제 어떻게 만들어졌는지는 알 수 없어요.

또한 무엇으로 이루어져 있는지도 밝혀지지 않았어요. 어쩌면 지표면에 존재하지 않는 물질로 되어 있을 수도 있어요.

앞으로 얼마나 오래 존재할지도 알 수 없지요. 투조와 제이슨은 언젠가 사라져 버릴지도 몰라요.

*라바 램프: 전구를 켜면 액체 속 왁스가 녹아 위아래로 움직이는 장식용 등

99 잘 모르는 편이…

더 행복할 수도 있어요.

지식은 꼭 필요해요. 지식이 없다면 과학과 의학을 비롯한 그 어떤 분야도 발전할 수 없지요. 하지만 옛 속담처럼, 때로는 '모르는 게 약'일 수도 있어요.

세상에는 크고 작은 재앙이 일어나는데, 한 사람의 힘으로 재앙을 대비하거나 막고 바로잡는 것은 거의 불가능해요.

◀······ 떠돌이 행성이 지구에 추락하는 것

일이 잘 안 풀리는 날 ·····▶

번개 ·····▶

◀····· 다른 사람이 하는 기분 나쁜 말

화산 폭발 ·····▶

너 냄새나!

이런 것들에 대해 모르는 편이 더 나을까요? 여러 가지로 좋을 수 있어요. 걱정을 덜 하게 되고 더 행복해질 수 있답니다!

-모르는 것:
떠돌이 행성이 지구에 추락하기

-모르는 것:
나쁜 일이 생길 수 있다는 것

-모르는 것:
다른 사람이 나를 싫어할 수도 있다는 것

-모르는 것:
불쾌한 말

-모르는 것:
화산 폭발, 번개, 홍수 등

너 냄새나!

랄랄랄라, 룰루, 랄라라

100 현대 문명이 오늘 사라지더라도…

미래 과학자들은 우리가 있었다는 걸 알지 못할 수도 있어요.

오늘날 지구는 도시와 도로, 차량과 기계 등 인간이 만들어 놓은 수많은 문명으로 이루어져 있어요. 하지만 겨우 몇 백만 년 안에 우리가 살았던 흔적이 거의 사라질 수도 있지요.

지구에 인간이 단 한 명도 남지 않았다고 상상해 보세요.

바람과 비, 숲, 홍수, 지진으로 사람들이 만든 건물과 사물들이 순식간에 부서지고 바다로 떠내려가서…

…그 위에 먼지와 진흙이 덮여요. 모든 잔해는 약 2.5cm 두께의 층으로 압축될 거예요.

플라스틱, 금속, 화학 물질

현대 문명에는 콘크리트로 지은 건물과 대량 생산된 기계가 있어요. 하지만 이것들은 지구 전체의 시간으로 보면 겨우 **300년** 동안 존재했을 뿐이지요.

◀……… 암석층

이 시간은 약 **4억 년 전** 최초로 육지에서 살기 시작한 생명체가 나타난 이래 아주 짧은 시간일 뿐이에요.

그동안 발견된 화석은 극히 일부의 식물과 동물 종뿐이에요. 인간 화석은 발견되지 않을 수도 있지요.

만약 외계인 고고학자들이 지금으로부터 1억 년 뒤에 지구를 찾아온다면, 우리 문명은 전혀 존재하지 않았다는 결론을 내릴지도 몰라요.

여기에는 아무것도 없어! 다른 행성으로 가자.

이처럼 발달한 문명이 흔적을 거의 남기지 않고 모조리 사라질 수도 있다는 가설을 **실루리안 가설**이라고 해요.

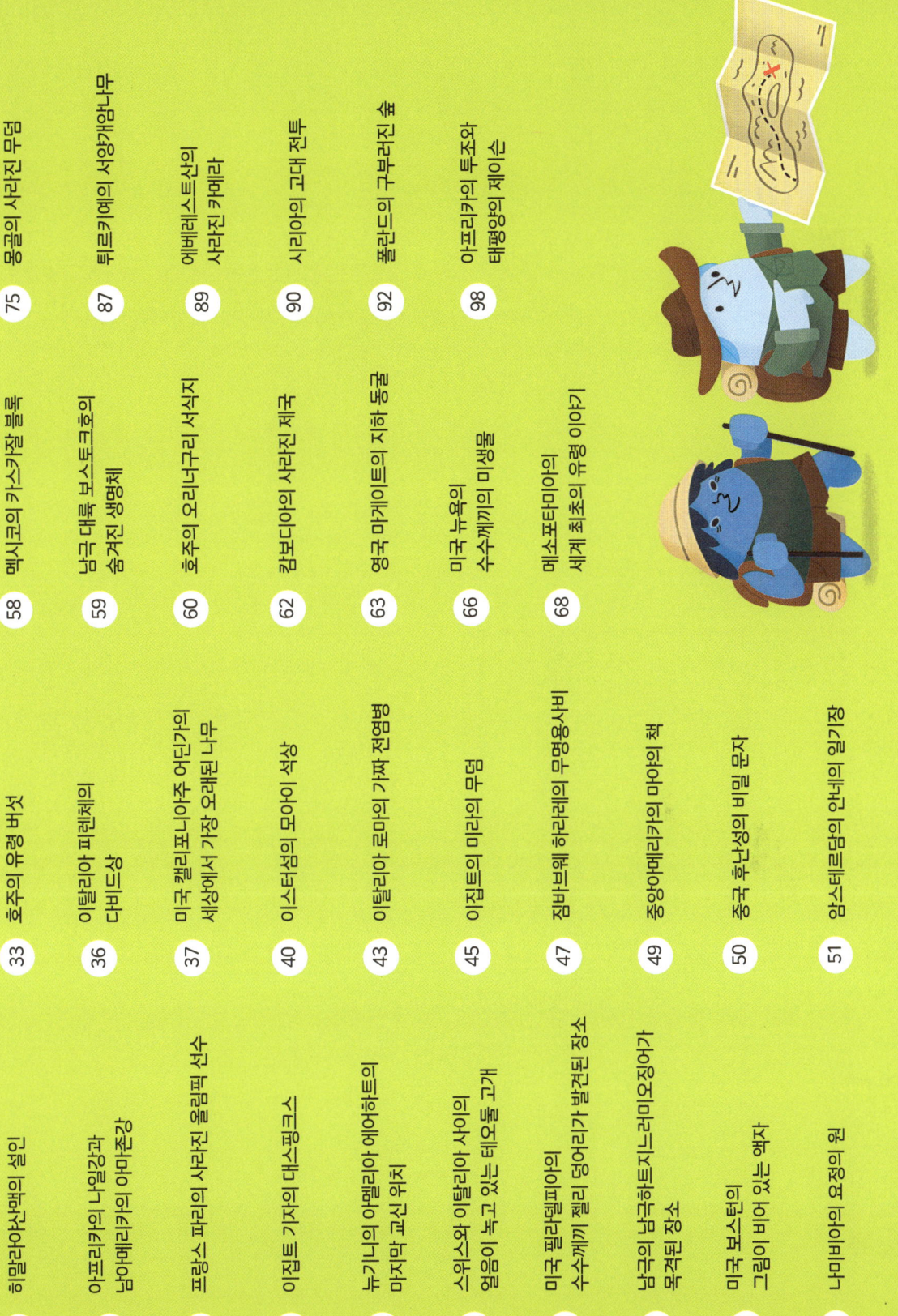

- 5 히말라야산맥의 설인
- 11 아프리카의 나일강과 남아메리카의 아마존강
- 12 프랑스 파리의 사라진 올림픽 선수
- 13 이스터섬의 모아이 석상
- 16 뉴기니아 아델리아 에어하트의 마지막 교신 위치
- 20 스위스와 이탈리아 사이의 얼음이 녹고 있는 테오둘 고개
- 25 미국 필라델피아의 수수께끼 젤리 덩어리가 발견된 장소
- 27 남극의 남극하트지느러미오징어가 목격된 장소
- 28 미국 보스턴의 그림이 비어 있는 액자
- 31 나미비아의 요정의 원

- 33 호주의 유령 버섯
- 36 이탈리아 피렌체의 다비드상
- 37 미국 캘리포니아주 어딘가의 세상에서 가장 오래된 나무
- 40 이스터섬의 모아이 석상
- 43 이탈리아 로마의 가짜 전염병
- 45 이집트의 미라의 무덤
- 47 짐바브웨 하라레의 무명용사비
- 49 중앙아메리카의 마야의 책
- 50 중국 후난성의 비밀 문자
- 51 암스테르담의 안네의 일기장

- 58 멕시코의 가스카잘 블록
- 59 남극 대륙 보스토크호의 숨겨진 생명체
- 60 호주의 오리너구리 서식지
- 62 캄보디아의 사라진 제국
- 63 영국 마게이트의 지하 동굴
- 66 미국 뉴욕의 수수께끼의 미생물
- 68 메소포타미아의 세계 최초의 유령 이야기

- 75 몽골의 사라진 무덤
- 87 튀르키예의 서양개암나무
- 89 에베레스트산의 사라진 카메라
- 90 시리아의 고대 전투
- 92 폴란드의 구부러진 숲
- 98 아프리카의 투조와 태평양의 제이슨

낱말 풀이

이 책에 실린 중요한 단어들의 뜻을 풀어 놓았어요.
*이탤릭체*로 나타낸 단어는 따로 풀이가 실려 있어요.

12면체 열두 개의 면을 가진 물체.

DNA *세포* 속에 들어 있는 복잡한 화학적 암호. 생물 특성에 관한 정보를 담고 있어요.

가명 진짜 이름 대신에 사용하는 가짜 이름.

가설 검증하거나 더 깊이 연구하기 위해 설정한 가정.

고고학자 유물을 발굴하고 조사하면서 과거를 연구하는 사람.

국제우주정거장 지구 *궤도*를 도는 유인 우주비행체. 여러 나라의 우주 비행사들이 이곳에 살면서 일해요.

궤도 어떤 천체가 더 큰 천체의 주위를 돌면서 그리는 곡선의 길.

균류 식물과 비슷하게 생긴 생물군의 하나. 버섯이 여기에 속해요.

기관 생물체 내에서 특정한 모습을 가지고 특정한 기능을 하는 부분.

기업 비밀 기업이나 개인에게 경쟁사보다 큰 이득을 가져다주는 특별한 제조법, 공정 과정 또는 장치.

나병 세균 때문에 생기는 전염성 질환.

노벨상 해마다 과학, 문학, 경제, 세계 평화 부문에서 중요한 업적을 남긴 사람에게 주는 상.

떠돌이 행성 항성 주위를 돌지 않고 우주를 자유롭게 돌아다니는 천체.

무한 어떤 것이 끝없이 이어지거나 영원히 계속된다는 개념.

미생물 눈으로 볼 수 없는 아주 작은 생물. *세균*이나 바이러스 등이 있어요.

방사선 원자가 쪼개어질 때 나오는 강력하고 위험한 에너지.

방사성 방사선을 내뿜는 성질.

분류학자 생물을 분류하는 과학자.

빅뱅 무한히 작은 점에서 대폭발이 일어나 빠른 속도로 팽창하여 지금의 우주에 이르렀다는 이론.

사기극 꾀를 써서 다른 사람을 속이는 일. 속임수.

생물발광 특정 생물이 스스로 빛을 내는 능력.

서식지 어떤 동물이나 식물 종이 살고 있는 곳.

선문답 불교의 한 종파인 선종에서 논리와 상식을 벗어난 질문과 답을 주고 받는 일. 정해진 형식이나 틀은 없어요.

선종 중국에서 기원된 아시아의 종교 또는 철학 사상인 불교의 한 종파.

세균 현미경으로만 관찰할 수 있는 아주 작은 미생물.

세대 같은 시기에 태어나 살아가는 사람 또는 동물 전체.

세포 생물을 구성하는 기본 단위. 사람의 몸은 세포 수조 개로 구성되어 있어요.

소수 1과 자기 자신만으로 나누어 떨어지는 수.

속담 옛날부터 전하여 오는 교훈이나 가르침이 담긴 짧은 글.

속임약(플라세보) 실제로는 약효가 없는 물질로 만든 약.

수면 과학자 꿈을 연구하는 과학자.

수화 손동작으로 의미를 전달하는 언어.

스테가노그래피 일반 매체 안에 비밀 정보를 숨기는 암호 기술.

스파이 경쟁 국가나 단체의 비밀이나 상황을 몰래 알아내는 사람.

스핑크스 사람의 머리와 사자의 몸, 독수리의 날개를 가진 신화 속 생물.

실험 고고학 과거에 했던 방식을 그대로 실험하면서 가설을 검증하는 고고학 분야.

암흑 물질 우주에 존재하지만 아직 밝혀지지 않은 미지의 물질. 강한 중력을 지녔어요.

암흑 에너지 중력과 반대되는 힘으로 우주를 팽창시키는 미지의 가설의 에너지.

역설 이치에 맞지 않거나 의미가 모순되지만, 진리가 담겨 있을 수도 있는 말.

역설계 다른 회사의 제품을 똑같이 만들기 위해 공정 과정을 연구하는 방법.

연금술사 오래전 과학과 미신이 결합된 화학 기술을 사용해 평범한 물질을 값비싼 물질로 바꾸려는 시도를 했던 사람.

올림픽 4년마다 열리는 국제 운동 경기 대회.

올멕 문명 중앙아메리카에서 발생한 초기 주요 문명.

우주 시공간에 존재하는 모든 것.

우주 방사선 항성에서 방출하는 방사선. 인체에 해로울 수도 있어요.

원소 모든 물질을 구성하는 기본 성분.

원자 원소를 구성하는 가장 작은 단위의 입자.

원자 질량 원자의 크기.

위성 행성 주위를 공전하는 천체. 자연 위성과 인공위성이 있어요.

유령 숲 살던 나무가 모두 죽었거나 잘려 나가고, 나무를 심지 않아서 숲으로 만들지 못한 장소.

유전자 DNA의 특정 부위에 위치하는 암호화된 부분. 키와 같이 생물의 특징을 결정하는 정보가 들어있어요.

은하 수십억 개의 별들이 모여있는 집합체. 은하끼리도 공전을 해요.

이동 동물이 사는 곳을 바꿔 옮기는 것.

익명 이름과 신원을 숨기는 것.

인터넷 컴퓨터 사용자들이 서로 연결되어 있는 방대한 컴퓨터 통신망.

종 생물을 분류하는 기초 단위.

주기율표 지금까지 알려진 화학 원소 118개를 원자 특성에 따라 분류한 표.

중력 두 물체가 서로 끌어당기는 힘. 혹은 지구가 태양 주위의 궤도를 돌게 하는 힘.

지질 구조판 지각을 구성하는 거대한 암석 판.

천문학자 우주를 연구하는 과학자. 주로 망원경을 사용해서 멀리 떨어져 있는 천체를 발견해요.

천체 물리학자 천체의 위치와 천체의 운동을 연구하는 과학자.

축 회전하는 물체의 중심을 통과하는 가상의 선.

타수 조정 경기에서 노를 젓지 않고, 배의 방향을 조종하는 선수.

태양계 태양 주위를 도는 행성, 위성, 소행성 집단.

펄서 굉장히 빠르게 자전하면서 엄청난 양의 방사선을 방출하는 별.

편지 잠금 기법 봉인한 부분을 뜯지 않고는 읽을 수 없도록 편지를 접어서 고정하는 방식.

플라세보 효과 속임약(플라세보)을 먹고 건강이 회복되는 현상.

혜성 우주의 얼음과 먼지로 이루어진 작은 천체. 태양 주변을 돌아요.

화석 오래전에 살았던 동식물의 유해나 흔적이 흙이나 암석에 보존된 것.

찾아보기

119번 원소 103
DNA 11, 22, 53, 82-83
K 증후군 54
X 실험기 9
X 표시 8-9

ㄱ

가명 13
강 18-19
강털소나무 48
거미 46, 67
고고학자 20-21, 56-57, 78-79, 84, 87, 95, 99, 121
공룡 32-33, 90-91
국제우주정거장 53
군인 43, 59
귓불 66
균류 35, 44-45
그레이엄 수 86
기업 비밀 27
기후 변화 30, 82-83
꿈 15

ㄴ

나무 48, 82-83, 112
나미비아 42
나비 67, 88-89
나일강 18-19
나카모토 사토시 13
남극 38, 75
남극하트지느러미오징어 38
뇌 7, 15, 52, 100
누슈 63
뉴욕 지하철 82-83

ㄷ

단거리 달리기 114-115
달 101
달팽이 10
대수학 8
대통령 92
덩어리 36, 119
독 100-101
딥 웹 98
떠돌이 행성 55

ㄹ

레지던츠 13
로마 49, 66, 84, 99
로마 12면체 99
로잘린드 프랭클린 22

ㅁ

마야 문명 62
마틸다 효과 22
매직 서클 116
맬컴 엑스(X) 8-9
맹장 52
무명 59
무지 120
무한 68
문학 13, 62, 64-65, 77, 85, 87
미생물 82-83
미술관 39, 72-73
미켈란젤로 47

ㅂ

박물관 72-73, 116
방사선 8, 37, 53

뱅크시 13
보물 8-9, 72-73, 95
보스토크호 75
분류학자 10
분수계 30
비밀 편지 49, 60-61, 63, 110-111
비밀 잉크 49
빅뱅 23, 29

ㅅ

사기극 104-105
사포 87
사해 문서 95
생물발광 44-45
선문답 44-45
선종 44-45
설인 11
세균 35, 83
소 113
소수 40-41
속담 120
속임약(플라세보) 94
수면 과학자 15
수학 8-9, 40-41, 86
숲 82-83, 112
스타 젤리 36
스테가노그래피 60-61
스티그 13
스포츠 14, 18-19, 108, 114-115
스핑크스 20-21
실루리안 가설 121
실험 고고학 84

ㅇ

아마존강 19
아멜리아 에어하트 24-25
악어 26

안네 프랑크 64
알프스산맥 30
암흑 물질 16-17, 37
암흑 에너지 16-17
앙코르 78-79
애덤 플러머 65
앤 리스터 65
앤드루 어빈 108
앨리스 볼 22
야구 14
에베레스트산 11, 108
엑스(X)선 8
엘 샤히드 13
엘레나 페란테 13
역설 34, 92
역설계 27
예술 13, 39, 47
오르트 구름 31
오리너구리 76
올림픽 18-19
올멕 문명 74
외계인 51, 107, 121
요정 105
요정의 원 42
요하네스 페르메이르 39
우주 16-17, 23, 28-29
우주 방사선 37, 53
우주 비행사 53
우주여행 53
윌 오 더 위스프 70
유니콘 58, 101
유령 이야기 85
유포르비아 덤불 42
의복 43, 84
의학 22, 94
이스터섬 50-51
이집트인 13, 20-21, 56-57, 87, 109
익명 13
인어 104
인터넷 98

ㅈ

자외선 67
적외선 67
제임스 웹 우주망원경 107
조각상 47, 66
조반니 보로메오 54
조슬린 벨 버넬 22
조지 맬러리 108
조세핀 베이커 49
주기율표 102, 103
중력 6, 31, 53, 55
지구 6, 37, 53, 101, 107, 119, 121
지능 7, 46
지도 8-9, 18-19, 46, 69, 101
지진 12, 119
진흙 14

ㅊ

찰스 디킨스 77
천문학자 6, 16-17, 31, 55, 107
천체 물리학자 37
철학자 34, 92
초콜릿 잼 106
침팬지 7
칭기즈 칸 93

ㅋ

카데시 전투 109
카스카잘 블록 74
카투네지 87
칼 린네 58
크메르 제국 78-79

ㅌ

타수 18-19
태양계 6, 31, 55, 107

털방울 모자 43
테세우스의 배 34
테오둘 고개 30
투조와 제이슨 119
투탕카멘 56-57
트로타 22
티라노사우루스 렉스 32-33, 90-91

ㅍ

파라독사 58
편지 잠금 기법 110-111
포르톨라노 해도 69
프랭크 징후 66

ㅎ

하드리아누스 황제 66
하품 100
항헨티 절대보호구역 93
행성 6, 28-29, 55, 107
헤이즐넛 106
현자의 돌 117
혜성 31
화석 32-33, 90-91, 121
화이트마운틴 48
후난성 63
흙 35, 42, 78-79
히타이트 제국 109

이 책을 만들기 위해…
많은 지식을 알고 싶어 하는 사람들이 힘을 합쳤어요.

조사·글
제롬 마틴, 앨리스 제임스,
미카엘라 탭셀, 알렉스 프리스

디자인
제니 오플리, 렌카 존스,
톰 애슈턴 부스

추가 편집
란 쿡, 톰 뭄브레이, 로라 코완,
빅토리아 M. 윌리엄스, 에이미 추

그림
페데리코 마리아니, 쇼 닐슨,
도미니크 바이런, 제럴딘 사이

전문가 감수
사마그니 본네르지 박사,
피비 그리피스 박사,
로저 트렌드 박사,
데이지 시어러 박사,
케이트리오나 콕스 박사,
안드레이 커녹 박사

시리즈 편집 루스 브로클허스트
시리즈 디자이너 스티븐 몬크리프

우리가 몰랐던 사실이 이렇게나 많다니 정말 놀랍군요!

한국어판 1판 1쇄 펴냄 2023년 8월 1일 | 1판 4쇄 펴냄 2024년 4월 30일
옮김 신인수 편집 문선의 디자인 황혜련 펴낸곳 (주)비룡소인터내셔널 전화 02)6207-5007 팩스 02)515-2007
한국어판 저작권 © 2023 Usborne Publishing Limited

영문 원서 100 THINGS TO KNOW ABOUT THE UNKNOWN 1판 1쇄 펴냄 2023년
글 제롬 마틴 외 그림 페데리코 마리아니 외 디자인 제니 오플리 외 감수 사마그니 본네르지 외
펴낸곳 Usborne Publishing Limited usborne.com
영문 원서 저작권 © 2023 Usborne Publishing Limited

이 책의 영문 원서 저작권과 한국어판 저작권은 Usborne Publishing Limited에 있습니다.
저작권법에 의하여 한국 내에서 보호를 받는 저작물이므로 무단전재와 복제를 금합니다.
어스본 이름과 풍선 로고는 Usborne Publishing Limited의 트레이드 마크입니다.